JN123266

点字のレッスン

改訂新版

序

　我が国は福祉社会を目指していて、福祉関係の仕事に就く人々も着実に増加し、そのための教育も盛んになってきています。またボランティア活動に参加する人々の輪も世代を超えて広がってきています。そうした情勢のなかで、点字についての関心もしだいに高まりつつあります。

　点字について考えてみますと、最初のころは単に視覚障害者相互のコミュニケーションの手段に過ぎませんでしたが、それがしだいに公の文字としての機能を持つようになり、その第一歩として、国政選挙における点字投票が実現しました。その後、点字による大学受験の道が開かれ、今日では司法試験、公務員試験、教員採用試験なども点字による受験が可能になってきています。点字が公の文字としての機能を増すことを、私たちは「点字の市民権の拡大」と呼んでいます。点字の市民権が拡大することは、視覚障害者の権利が尊重されることにもつながります。

　このような事情を反映して、福祉関係の大学や専門学校に点字の講座がおかれるようになりました。その傾向は高校にも及び、総合学科で選択する課目に「手話」や「点字」の講座を開設する学校が増え、医療・福祉系に進学する生徒たちは卒業単位に認められる授業として点字を学習しています。

　一方義務教育段階においても、教材として点字が取り上げられるようになりました。これに先鞭をつけたのが光村図書出版で、小学校4年生の国語教科書に、点字の話題を取り上げたのでした。今ではほとんどすべての教科書会社が点字を取り上げています。点字の存在を知った小・中学生が総合学習の中で1つの体験として、点字に取り組む姿も多く見られるようになりました。それは障害者理解にもつながるものと思われます。

　ところが、従来出版されている点字解説書の大半は、専門的な点訳者養成を目的としたもので、学校の授業に適するものではありませんでした。そこで本書は初歩の学習を目的として、特に高校や専門学校における講座のテキストということを念頭において編集しました。したがって教材の配列にあたっても、年間を通しての計画的な授業を配慮してあります。

　本書の特徴は、用例を豊富に取り入れたこと、および各項目ごとに練習問題を掲げてあることです。これは教室においては点字の実践として用いることができますが、また学習者が自習用として本書を用いるためのものでもあります。本書によって自習するときには、用例を確かめ、練習問題に取り組んで達成感を味わっていた

だきたいものと思っています。

　本書を自習用の解説書ということをも配慮して編集した一端には、ぜひ小学校の先生方にも見ていただきたいという思いがありました。教材に点字が取り入れられるようになってから、地域の視覚障害者が臨時の講師として学校に招かれ、生徒たちに話をするという従来見られなかったことが行われるようになっています。しかしそれだけで終わらせるのではなく、先生方にも点字のあらましを知っていただきたいという思いがあります。本書はそうしたことにも役立つものにしたいと考えました。

　本書のような図書が参考資料として、各学校や地域の図書館などにおかれるような時代になることを願ってやみません。

社会福祉法人視覚障害者支援総合センターより

　著者阿佐博氏は2018年4月1日95歳で永眠されました。生前、盲界で数々の功績を残されました。中でも点字の造詣が深く「点字の神様」と称されていました。

凸　　面

五十音

ア　イ　ウ　エ　オ

カ　キ　ク　ケ　コ

サ　シ　ス　セ　ソ

タ　チ　ツ　テ　ト

ナ　ニ　ヌ　ネ　ノ

ハ　ヒ　フ　ヘ　ホ

マ　ミ　ム　メ　モ

ヤ　　　ユ　　　ヨ

ラ　リ　ル　レ　ロ

ワ　ヰ　　　ヱ　ヲ

濁音・半濁音

ガ　ギ　グ　ゲ　ゴ

ザ　ジ　ズ　ゼ　ゾ

ダ　ヂ　ヅ　デ　ド

バ　ビ　ブ　ベ　ボ

パ　ピ　プ　ペ　ポ

撥音符など

撥音符（ン）　　促音符（ッ）　　長音符（ー）

凹　面

濁音・半濁音　　　　　　　　　　　　　　　　　　　　　　　五十音

オ	エ	ウ	イ	ア

| ゴ | ゲ | グ | ギ | ガ | | コ | ケ | ク | キ | カ |

| ゾ | ゼ | ズ | ジ | ザ | | ソ | セ | ス | シ | サ |

| ド | デ | ヅ | ヂ | ダ | | ト | テ | ツ | チ | タ |

| ノ | ネ | ヌ | ニ | ナ |

| ボ | ベ | ブ | ビ | バ | | ホ | ヘ | フ | ヒ | ハ |

| ポ | ペ | プ | ピ | パ |

| モ | メ | ム | ミ | マ |

| ヨ | | ユ | | ヤ |

| ロ | レ | ル | リ | ラ |

| ヲ | ヱ | | ヰ | ワ |

撥音符など

長音符（ー）　　　促音符（ッ）　　　撥音符（ン）

凸　　面

拗音・拗濁音・拗半濁音

キャ	キュ	キョ	ギャ	ギュ	ギョ
シャ	シュ	ショ	ジャ	ジュ	ジョ
チャ	チュ	チョ	ヂャ	ヂュ	ヂョ
ニャ	ニュ	ニョ			
ヒャ	ヒュ	ヒョ	ビャ	ビュ	ビョ	ピャ	ピュ	ピョ
ミャ	ミュ	ミョ			
リャ	リュ	リョ			

特殊音

イェ		ウィ	ウェ	ウォ	スィ	ズィ
キェ		クァ	クィ	クェ	クォ	ティ	ディ
シェ	ジェ	グァ	グィ	グェ	グォ	トゥ	ドゥ
チェ		ツァ	ツィ	ツェ	ツォ	テュ	デュ
ニェ		ファ	フィ	フェ	フォ	フュ	ヴュ
ヒェ		ヴァ	ヴィ	ヴェ	ヴォ	フョ	ヴョ
							ヴ

拗音・拗濁音・拗半濁音

ギョ	ギュ	ギャ	キョ	キュ	キャ
ジョ	ジュ	ジャ	ショ	シュ	シャ
ヂョ	ヂュ	ヂャ	チョ	チュ	チャ
			ニョ	ニュ	ニャ

ピョ	ピュ	ピャ	ビョ	ビュ	ビャ	ヒョ	ヒュ	ヒャ

ミョ	ミュ	ミャ
リョ	リュ	リャ

特殊音

ズィ	スィ	ウォ	ウェ	ウィ			イェ
ディ	ティ	クォ	クェ	クィ	クァ		キェ
ドゥ	トゥ	グォ	グェ	グィ	グァ	ジェ	シェ
デュ	テュ	ツォ	ツェ	ツィ	ツァ		チェ
ヴュ	フュ	フォ	フェ	フィ	ファ		ニェ
ヴョ	フョ	ヴォ	ヴェ	ヴィ	ヴァ		ヒェ
ヴ							

凸　面

数字など

1　2　3　4　5　6　7　8　9　0　　　数符　小数点　位取り点

記号・符号

句点（。）　疑問符（？）　感嘆符（！）　読点（、）　中点（・）

第1カギ　　　第2カギ　　　　ふたえカギ

第1カッコ　　　第2カッコ　　　　二重カッコ

第1指示符　　　　第2指示符　　　　　第3指示符

点訳挿入符　　　　第1段落挿入符　　　　第2段落挿入符

棒線（──）　点線（……）　波線（〜）

右向き矢印（→）　左向き矢印（←）　両向き矢印（←→）

第1つなぎ符　第2つなぎ符　第1小見出し符　第2小見出し符

第1星印　第2星印　第3星印　文中注記符

詩行符　二重詩行符　空欄符号（　　　　　）

伏せ字の○　伏せ字の△　伏せ字の□　伏せ字の×　　その他の伏せ字
　　　　　　　　　　　　　　　　　　　数字の伏せ字

パーセント（％）　アンドマーク（＆）　ナンバーマーク（＃）

アステリスク（＊）　小文字符

v

凹　面

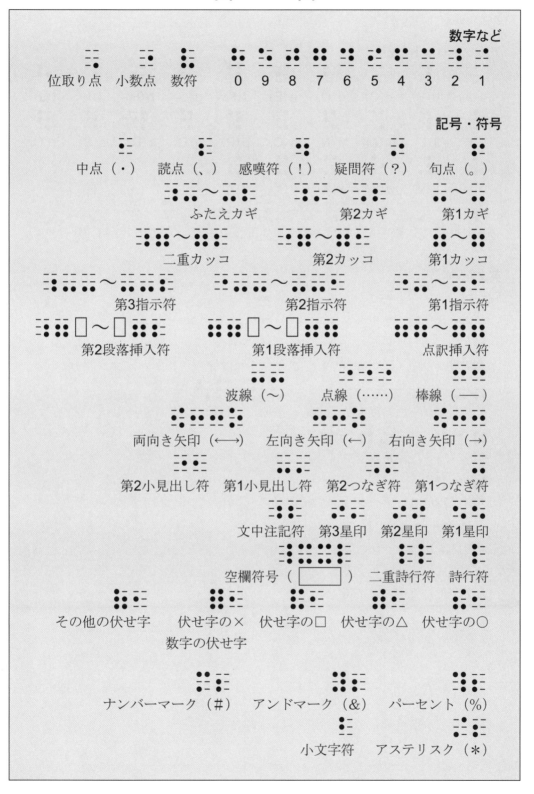

数字など

位取り点　小数点　数符　　0　9　8　7　6　5　4　3　2　1

記号・符号

中点（・）　読点（、）　感嘆符（！）　疑問符（？）　句点（。）

ふたえカギ　　　　第2カギ　　　第1カギ

二重カッコ　　　　第2カッコ　　　第1カッコ

第3指示符　　　　第2指示符　　　第1指示符

第2段落挿入符　　第1段落挿入符　　点訳挿入符

波線（〜）　　点線（……）　棒線（──）

両向き矢印（←→）　左向き矢印（←）　右向き矢印（→）

第2小見出し符　第1小見出し符　第2つなぎ符　第1つなぎ符

文中注記符　第3星印　第2星印　第1星印

空欄符号（　　　　）　二重詩行符　詩行符

その他の伏せ字　伏せ字の×　伏せ字の□　伏せ字の△　伏せ字の○
数字の伏せ字

ナンバーマーク（＃）　アンドマーク（＆）　パーセント（％）

小文字符　アステリスク（＊）

vi

凸　　　面

アルファベットなど

a(A)　b(B)　c(C)　d(D)　e(E)　f(F)　g(G)　h(H)　i(I)　j(J)

k(K)　l(L)　m(M)　n(N)　o(O)　p(P)　q(Q)　r(R)　s(S)　t(T)

u(U)　v(V)　w(W)　x(X)　y(Y)　z(Z)

外字符　　大文字符　　二重大文字符　　外国語引用符 〜　　アクセント符

英文記号

コンマ（,）　　セミコロン（;）　　コロン（:）　　ピリオド（.）

感嘆符（!）　　疑問符（?）　　アポストロフィ（'）　　ハイフン（-）

ダッシュ（—）　　点線（……）　　星印　　斜線（／）

カッコ（〜）　　角カッコ［〜］

（ダブル）コーテーションマーク（"〜"）

シングルコーテーションマーク（'〜'）

大文字符　　二重大文字符

アクセント符　　レターサイン　　数符　　小数点

凹　面

アルファベットなど

j(J)　i(I)　h(H)　g(G)　f(F)　e(E)　d(D)　c(C)　b(B)　a(A)

t(T)　s(S)　r(R)　q(Q)　p(P)　o(O)　n(N)　m(M)　l(L)　k(K)

z(Z)　y(Y)　x(X)　w(W)　v(V)　u(U)

アクセント符　外国語引用符　二重大文字符　大文字符　外字符

英文記号

ピリオド（.）　コロン（:）　セミコロン（;）　コンマ（,）

ハイフン（-）　アポストロフィ（'）　疑問符（?）　感嘆符（!）

斜線（／）　星印　点線（……）　ダッシュ（—）

角カッコ［〜］　カッコ（〜）

（ダブル）コーテーションマーク（"〜"）

シングルコーテーションマーク（'〜'）

二重大文字符　大文字符

小数点　数符　レターサイン　アクセント符

目　　　次

はじめに

　「点字」といっても、今日ではさほど珍しいものではなくなりました。義務教育の中でも教材として取り扱われるようになりましたし、町のあちらこちらでもその実物が見られるようになったからです。中でももっとも目につきやすいのは、駅の券売機や階段の手すりなどに表示されているものではないでしょうか。その他タクシーの車内の窓に、会社名とタクシー番号を記した点字シールが貼ってあるものも多くなりました。数年前から東京の山手線の電車のドアには、車両番号や乗降口の位置を示す点字案内がついていましたが、JR東日本の新幹線の全車両にも点字による表示を整備するというニュースも伝えられています。これらも、点字が市民権を得つつある証拠だということができるでしょう。

　その昔、言葉を話すようになった人類は、やがてその記録手段として文字を発明しました。文字は人類の生み出した最大の文化だといっても過言ではないでしょう。しかし視力を失った者にとっては、その文字も利用不可能なものでした。したがって古くから視覚障害者も、自ら読み書きのできる文字を持ちたいということを強く願ってきました。ローマ時代にすでに視覚障害者のための文字が工夫されたという記録があるとのことです。その後も、多くの人々がそのための努力をしましたが、なかなか良い結果を得ることができませんでした。その理由は、視覚によって認識される普通の文字の形態から離れることができなかったからです。

　視覚を利用することができなければ、他の感覚、例えば触覚などを使うほかありません。そのためには発想の転換が必要だったのです。それを成し遂げて点字が考案されたのは、1825年のことでした。しかもその考案者は、ルイ・ブライユ（Louis Braille）という16歳の天才少年だったのです。

　彼は1809年に、パリの東約40キロにあるクープレーという小さい村に生まれました。父は馬具を作ることを職業としており、その仕事場には鋭い刃物や、キリのような道具がたくさん置いてありました。3歳になったルイは、その仕事場で遊んでいたときに、誤ってキリで眼を突いたことが原因で失明したと伝えられています。

　ルイは1819年、10歳のとき、世界で最初に創立されたパリ盲学校に入学します。そこでは「凸字（トツジ）」といって、活字で紙に強く刻印して、普通の文字の形を浮き上がらせたものを使っていました。しかし、それは触覚では大変読みにくいものでしたし、自ら書くことはほとんど不可能でした。

そんなところへ、不思議な文字を持ち込んできた人がありました。12の点と短い線から構成され、どんな闇の中でも触覚で読むことができるというものでした。持ち込んだのは1人の軍人で、それは軍事用として開発され「夜の文字」と名付けられたものだったのです。ルイの入学の翌年、1820年のことでした。

　この文字に強く心をとらえられたのがルイ・ブライユでした。これをヒントにして、彼の工夫が始まるのです。そして4年余りをかけて、ついに6点でアルファベットをはじめ、数字記号や簡単な楽譜まで表すことのできるシステムを作り上げたのでした。それが今日の点字なのです。

　フランスでこの点字が採用されますと、それはたちまち欧米に普及していきました。これこそ視覚障害者の文字で、この文字を持つことによって近代的盲教育も可能になったのでした。

　この点字は我が国にも伝えられましたが、そのままではローマ字綴りで使用するほかありません。そこで官立東京盲唖学校の石川倉次教諭がこれを我が国独特の仮名文字に翻案したのです。1890年（明治23年）のことでした。その後120年近く使われているのが、我が国の点字なのです。

　点字を書く器具には、点字盤や点字タイプライターなどが考案されています。最近では専用のソフトを用いてパソコンに入力し、これを点字プリンタで打ち出す方法が開発されています。点字の世界にも革命を起こしつつあるのです。

　しかし、もっとも簡易な器具で、ボールペンや鉛筆に相当し、誰でも持つことができるのはやはり点字盤です。したがって本書では、点字盤を使うことを前提にして話を進めることにします。

　本書によって1人でも多くの方々に点字を理解していただくことができれば、著者としては望外の幸いです。

Lesson 1　点字の書き方

　点字は、縦３点、横２点の６点を１つの単位として構成されています。この単位をふつう「マス」といい、点字器ではこのマスが横に30前後並んでいます。これを「行」といいます。１つのマスには、それを取り囲んだ枠と６つのくぼみがあり、点字はこのくぼみの上に用紙をセットし、枠に沿って点筆で打ち込むことによって書きます。点字を読むときには用紙を裏返して凸面から読みますので、書くときと読むときとでは点の位置が左右逆転することになります。

　この６つの点には便宜上名前がつけられています。凹面の場合は右の上が①の点で、それから下に向かって②の点、③の点となり、同様に左の上が④の点で、それから下に向かって⑤の点、⑥の点ということになります。凸面の場合はこれが逆になって、左の上が①の点となり、右の上が④の点となるわけです。点字はすべて横書きなので、書く場合はマスに従って右から左へ向かって書き、読む場

合は裏返して凸面を読みますので、左から右へ読むことになります。

　現在使われている点字は仮名文字体系ですので、言葉と言葉の間は必ず区切って書く必要があります。もし、そのまま続けて書きますと、区切り目が不明確になって読みにくいばかりでなく、意味がとりにくくなってしまうからです。

Lesson 2 五十音

　日本語の点字は、ローマ字を使って五十音を表す方式によく似ています。母音部分と子音部分から成り立っているからです。

　一覧表で明らかなように、ア行（あいうえお）の母音は、①②④の点から成り立っています。これに⑥の点を加えると、カ行になります。つまり⑥の点は、ｋの役割をはたしていると考えられるわけです。同様に、サ行は⑤⑥の点、タ行は③⑤の点、ナ行は③の点、ハ行は③⑥の点、マ行は③⑤⑥の点、ラ行は⑤の点を加えることによって成り立っています。

　ただし、6点の組み合わせには限りがあるため、ヤ行とワ行は変則的になっています。ヤ行は、ア行をできるだけ下にさげて、それに④の点を加えることによって構成され、ワ行はア行をただ下にさげただけになっています。

　このため、ア行の「あ」とワ行の「わ」は、ただ1字だけではどちらも点1つで区別がつきません。しかし、文中では横の文字との関係で、①の点か③の点かの判断がつくので、文章を読む上での支障はそれほどありません。

　また、撥音「ん」は撥音符（⠰）、促音「っ」は促音符（⠂）、長音「ー」（伸びる音）は長音符（⠒）を用います。

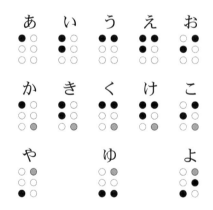

Lesson 2　練習問題

次の言葉を点字で書いてみましょう。

（1）藍　　　　上　　　　青
（2）柿　　　　菊　　　　お稽古
（3）すし　　　世界　　　お誘い
（4）退屈　　　定期　　　土地
（5）担い手　　猫　　　　布
（6）花　　　　皮膚　　　歩兵
（7）豆　　　　昔　　　　樅
（8）山　　　　夢　　　　読み物
（9）カラス　　ルリ色　　失礼
（10）私　　　酸素　　　マッチ　　　セーター

Lesson 3　濁音、拗音、特殊音および句読符など

　6つの点の組み合わせは63通りしかありませんので、1マスですべての音^{おん}に対応させることは不可能です。そこで濁音、拗音や特殊音は、2マスを使って表します。

　濁音には⑤の点（⠐）を用います。最初のマスに⑤の点を打ち、次のマスに「か」（⠈）を書くと「が」（⠐⠈）になります。点字は書かれた順序に従って指で読んでいきますので、まず⑤の点に触れると濁音だということがわかり、「が」と読めるのです。「ぎ」（⠐⠈）「ぐ」（⠐⠈）も同じです。この方法でバ行まで表すことができます。また、半濁音には⑥の点（⠠）を使います。したがって、⑥の点の次に「は」（⠜）を書くと「ぱ」（⠠⠜）になります。

　拗音には④の点（⠈）を用います。点字では小さい文字を書き添えることができませんので、「きゃ」を表す場合は、④の点を前置^{ぜんち}して次に「か」を書きます（⠈⠡）。「きゅ」（⠈⠡）「きょ」（⠈⠡）も同じです。この方法で「しゃ」「しゅ」「しょ」（⠈⠱）（⠈⠱）（⠈⠱）から「りゃ」「りゅ」「りょ」（⠈⠗）（⠈⠗）（⠈⠗）まで表すことができます。

　さらに⑤の点を付け加えて、④⑤の点（⠘）に「か」を書くと、「ぎゃ」（⠘⠡）となります。「ぎゅ」（⠘⠡）「ぎょ」（⠘⠡）も同じです。この方法で「びゃ」「びゅ」「びょ」（⠘⠹）（⠘⠹）（⠘⠹）までの拗濁音^{ようだくおん}を表すことができます。また、④⑥の点（⠨）を用いて、拗半濁音^{ようはんだくおん}「ぴゃ」「ぴゅ」「ぴょ」（⠨⠺）（⠨⠺）（⠨⠺）を表すことができます。

　特殊音というのは従来の日本語にはなかった音で、英語やフランス語などの外来語を書くときに必要な音です。この表記は、他のものに比べると使用頻度^{ひんど}が少なく、覚えにくいと思われます。したがって、必要なときに一覧表を見ながら書いて覚えるようにしてください。

　なお、文章を書くためには、以上の文字のほかに、句読符やカッコ類など、他の記号類も必要になります。句読符やその他の記号の用法については、Lesson22以後で詳しく学ぶことになりますが、それまでにも例文や練習問題などに句読符やカッコ類が出てきますので、このテキストで学ぶためには、それらの用法について理解していなければなりません。そこで、次に必要事項のみを記しておきます。

句点「。」（⠲）　　　　文（センテンス）の終わりには句点を書き、その後ろは2マスあけます。

読点「、」（⠰）や中点「・」（⠐⠆）

　　　　読点や中点は、文中の小さな切れ目に、必要に応じて用い、その後ろは1マスあけます。

第1カッコ《マルカッコ》（　〜　）（⠶〜⠶）

第1カギ《カギカッコ》　「　〜　」（⠐⠂〜⠔）

　　　　必要に応じてこれらの記号を用います。ちなみに、カギと後に出てくるつなぎ符は、同形の記号です。

Lesson 3　練習問題

次の言葉を点字で書いてみましょう。

（1）	銀河	グラス	ゴルフ
（2）	雑誌	風	継続
（3）	団子	小包	ドングリ
（4）	バラ	武士	ボタン
（5）	パイプ	ピンポン	ペンキ
（6）	客	マニキュア	巨人
（7）	写真	歌手	食事
（8）	茶碗	ミニチュア	貯金
（9）	般若	モニュメント	如来
（10）	百	ヒューマニズム	流氷
（11）	山脈	ミュージアム	ミョンドン（明洞）
（12）	計略	リュック	旅行
（13）	逆転	牛肉	制御
（14）	大蛇	ジュース	女性
（15）	湯呑み茶碗	フグ提灯	
（16）	白檀	ビュッフェ	発表

Lesson 4　数字とアルファベット

1. 数字は数符を前置して書きます。点字の表現範囲を広げるために工夫されたの
が前置符号（前置符）で、その１つが数符です。数符は③④⑤⑥の点（　）で表し、
その次にくる文字が数字であることを示すものです。例えば、数符の次に①の点
（　）を打つと、それは「あ」と読むのではなくて「１」となります。数字に用い
るのは①②④⑤の点の組み合わせで、これは１から０まであり、１つの数符に続け
て書くことによって、どんな大きな数でも表すことができます。

例）　　　　　　　　　　　　　　　　　　　　　　　　　　　　　　

$$1 \qquad 2 \qquad 3 \qquad 4 \qquad 5$$

$$6 \qquad 7 \qquad 8 \qquad 9 \qquad 0$$

$$12 \qquad 543 \qquad 809 \qquad 7645$$

2. アルファベットも同様に、外字符を前置して書きます。外字符は⑤⑥の点（　）
で表し、その次にくる文字がアルファベットであることを示すものです。

　アルファベットのａからｊまでは、上の４つの点、すなわち①②④⑤の点から構
成されています。これに③の点（　）を加えるとｋからｔまでが表せます。ａは①
の点（　）ですから、これに③の点を加えて、①③の点でｋ（　）となるわけです。
ｌ以下もこれに準じます。また、③⑥の点（　）を加えるとｕからｚまで表すこと
ができます。

　ただし、ｗ（　）だけは特別で、別の文字をあてることになっています。それは、
ブライユの作った点字の中にｗがなかったからです。もともとラテン語にはｗとい
う文字がなく、200年前のフランス語にもまだｗは使われていなかったためです。

　実は数字の１から０までの文字は、このアルファベットに使われている文字だっ
たのです。つまりアルファベットのａからｊまでの文字の前に数符をつけると数字
になり、これは世界共通です。

　点字では、アルファベットの大文字、小文字を区別することができません。その
ため、大文字を表す場合は該当する文字に大文字符⑥の点（　）を前置します。ま
た、すべての文字を大文字で表す場合は、二重大文字符⑥の点２個（　　）を前置

―　8　―

します。

例）

    a   b   E   F

    km   Hz

    dB   CD   PTA

Lesson 4 練習問題

次の数字やアルファベットを点字で書いてみましょう。

（1）	1	4	8	3	7
（2）	16	20	35	78	94
（3）	246	325	478	825	912
（4）	1398	2025	4718	5645	7621
（5）	a	c	h	j	k
（6）	o	r	s	w	x
（7）	cc	mm	kl	ppm	
（8）	A	X	S	M	L
（9）	No.（ナンバー）	pH（ペーハー）			
（10）	TV	AV	CG	PHS	OPEC

Lesson 5　仮名遣い（1）

　点字は仮名文字ですので、その表記は現代仮名遣い^{か な づか}に準ずることになりますが、2、3の例外があります。点字の仮名遣いのルールは、次のようになります。

1.　助詞の「は」「へ」は、発音どおりに「ワ」「エ」と書きます。

　　例）ワタクシワ（わたくしは）　　　ハルワ（春は）

　　　　アルイワ（あるいは）　　　　　イエエ（家へ）

　　　　カイシャエ（会社へ）　　　　　ハハエノ□タヨリ（母への便り）

2.　助詞の「を」は、必ずワ行の「ヲ」を用います。

　　例）ジヲ□カク（字を書く）　　　ホンヲ□ヨム（本を読む）

　　　　ツキヲ□アオグ（月を仰ぐ）

3.　促音は促音符を用います。

　　例）キット□キテネ（きっと来てね）

　　　　スッカリ□ワスレタ（すっかり忘れた）

　　　　チョッピリ□ヤセタ（ちょっぴり痩せた）

　　　　ヤッパリ□アメダ（やっぱり雨だ）

Lesson 5　練習問題

次の言葉を仮名遣いに注意して書いてみましょう。

（1）　時は金なり

（2）　川は流れる

（3）　自宅へ帰る

（4）　カボチャをください

（5）　切手のデザイン

（6）　ギャグを考える

（7）　彼女への手紙

（8）　何をかいわんや

（9）　札幌へは行かない

（10）つきましてはご連絡を

Lesson 6　仮名遣い（2）

1. 長音（伸びる音）がア列の場合は「ア」（⋮）を書きます。
   例）オカアサン（お母さん）　　オバアサン（おばあさん）
   　　アア□キレイ（ああきれい）

2. 長音がイ列の場合は「イ」（⋮）を書きます。
   例）オニイサン（お兄さん）　　ニイガタ（新潟）
   　　チイサイ□イヌ（小さい犬）

3. 長音がウ列の場合は長音符（⋯）を用います。
   例）クーキ（空気）　　スージ（数字）
   　　ツーキン□デンシャ（通勤電車）

4. 長音がエ列の場合は2通りに書き分けます。
   （1）和語の場合は「エ」を書きます。
   　　例）オネエサン（お姉さん）　　ソレワネエ（それはねえ）
   　　　　エエ□イキマシタ（ええ行きました）
   （2）漢語の場合は「イ」を書きます。
   　　例）エイセイ（衛生）　　テイネイ（丁寧）
   　　　　エイガヲ□ミル（映画を見る）

Lesson 6　練習問題

次の言葉を仮名遣いに注意して書いてみましょう。

（1）　お母さんのいいつけ

（2）　ああ、偶然ね

（3）　短い詩歌

（4）　先生の命令

（5）　空中ブランコ

（6）　衛星中継

（7）　ねえ、聞いてよ

（8）　民生委員

（9）　お姉さんのメイク

（10）新島の西北西

Lesson 7　仮名遣い（3）

1.　長音がオ列の場合は 2 通りに書き分けます。

　（1）一般にオ列の長音は長音符（‥）を用います。

　　　例）オーサマ（王様）　　　イモート（妹）　　　オヤコーコー（親孝行）

　　　　　トーキョー（東京）　　チホー（地方）

　（2）オ列の長音でも、1946（昭和21）年以前に使われていた旧仮名遣いで「ほ」
　　　と書いていた言葉とその派生語には「オ」を用います。

　　　例）オオウ（覆う）　　　　オオキイ（大きい）

　　　　　オオサワギ（大騒ぎ）　コオリ（氷）

‥‥　〈参考〉 ‥‥‥‥‥‥‥‥‥‥‥‥‥‥‥‥‥‥‥‥‥‥‥‥‥‥‥‥‥‥‥‥‥

　　　オ列長音で「オ」を用いる言葉は、次の20数語にすぎません。これらを覚え
　　ておくと便利でしょう。

オオイ（多い）	オオウ（覆う）	オオキイ（大きい）
シオオセル（為おおせる）	オオセ（仰せ）	オオカミ（狼）
オオバコ（車前草）	オオムネ（概ね）	オオヤケ（公）
オオヨソ（大凡）	コオリ（郡）	コオリ（氷）
コオル（凍る）	トドコオル（滞る）	コオロギ（蟋蟀）
トオ（十）	トオイ（遠い）	イトオシイ（いとおしい）
トオル（通る）	イキドオル（憤る）	ホノオ（炎）
ホオ（頬）	ホオ（朴）	ホオズキ（鬼灯）
モヨオス（催す）	ヨソオウ（装う）	

‥‥‥‥‥‥‥‥‥‥‥‥‥‥‥‥‥‥‥‥‥‥‥‥‥‥‥‥‥‥‥‥‥‥‥‥‥‥‥

2.　原文に長音符号が使ってある場合は長音符を使います。

　　例）ハーイ（はーい）　　　エート（えーと）

　　　　ハンターイ（はんたーい）

3.　動詞や形容詞などの語尾は活用しますので、その活用形に従って書きます。

　　例）モノヲ□イウ（ものを言う）　　　ハナヲ□カウ（花を買う）

　　　　カミヲ□ユウ（髪を結う）　　　　ユカタヲ□ヌウ（浴衣を縫う）

　　　　ウレシイ□シラセ（嬉しい知らせ）　ウツクシイ□ハナ（美しい花）

Lesson 7　　練習問題

次の言葉を仮名遣いに注意して書いてみましょう。

（1）　お父さんは公務員

（2）　商業高校

（3）　すばらしい想像力

（4）　西高東低

（5）　大きな通り

（6）　どうにか、こうにか

（7）　大男たちの応援団

（8）　流行を追う

（9）　タバコを吸う人々

（10）　髪を結う女

Lesson 8　仮名遣い（4）

1.　「じ」「ず」は原則としてサ行の濁音を使います。

　　例）ジメン（地面）　　オトズレ（訪れ）

　　　　チジンノ□イエ（知人の家）

2.　2語の複合によって、後ろの「ち」「つ」で始まる言葉の語頭が濁る場合は、「ぢ」「づ」を用います。これを連濁といいます。

　　例）ソコヂカラ（底力）　　　　ハナヂ（鼻血）

　　　　ガマンヅヨイ（我慢強い）　　ミカヅキ（三日月）

3.　「ち」「つ」がくり返されること（同音の連呼）によって後の音が濁る場合は、「ぢ」「づ」と書きます。

　　例）チヂム（縮む）　　チヂレル（縮れる）

　　　　ツヅク（続く）　　ツヅミ（鼓）

・・・・〈参考〉・・

　　連呼によって濁る言葉は数が少ないので、覚えておくと便利でしょう。

　　　　チヂム（縮む）　　　　チヂレル（縮れる）　　　ツヅキ（続き）

　　　　ツヅク（続く）　　　　ツヅマヤカ（約やか）　　ツヅミ（鼓）

　　　　ツヅラ（葛籠）　　　　ツヅル（綴る）

・・

4.　外来語は原文の表記どおりに書きます。

　　例）コーヒー　　　テーブル　　　パーティー　　　シェーカー

　　　　カルシウム　　ウィリアム

5.　擬声語や擬態語は、基本的に仮名遣いのルールに従って書きますが、原文に長音符号が使ってある場合は、長音符を使って書きます。なお擬声語とは、物音や動物の鳴き声などを言葉で表したもの（ミシミシ、ワンワンなど）で、擬態語とは、物の状態や身ぶりなどを言葉で表したもの（ピッタリ、フラフラなど）です。

例）ドンドン□タタク（どんどん叩く）

　　ピーピー□ナク（ピーピー鳴く）

　　メーメー□コヤギ（メーメー子やぎ）　　　メエメエ（メエメエ）

　　グーグー□ネムル（ぐーぐー眠る）　　　　グウグウ（ぐうぐう）

　　ユラユラ□ユレル（ゆらゆら揺れる）

　　ニヤニヤ□ワラウ（にやにや笑う）

　　シーント□シズマル（シーンと静まる）　　シイント（しいんと）

 # Lesson 8　　練習問題

次の言葉を仮名遣いに注意して書いてみましょう。

（1）新潟地震

（2）無花果のジャム

（3）徒然草

（4）九十九折りの道

（5）缶詰の小包

（6）千枚漬に舌鼓み

（7）縮むバネの力

（8）お小遣いが著しく減る

（9）スヌーピーとミッフィー

（10）デューティーフリーショップ

（11）ベートーヴェンのシンフォニー

（12）アーノルド・シュワルツェネッガーカリフォルニア州知事

（13）もっとピーンと張れ

（14）プラネタリウムはシーンと静まりかえる

（15）カラスはカーカー、ヤギはメーメー、スズメはチュンチュン

Lesson 9　数字および数を含む言葉

　数字は数符を前置して表し、数量や順序を示す言葉は、数字を用いて書き表します。ただし、数を含んだ言葉でも数量的意味の薄れた言葉は、仮名で書きます。

1.　助数詞（枚、人、本、円など）は、数字に続けて書きます。ただし、数字に続く文字が数字と同じ形になる場合は、第1つなぎ符③⑥の点（⠒）をはさんだり、マスをあけることにより数字でないことを示します。

　　　例）⠼2マイ（二枚）　　　⠼3ボン（三本）　　　⠼4ニン（四人）

　　　　　⠼5⠒エン（五円）　　　⠼1⠒ルイ（1塁）

　　　　　⠼6⠒m（6 m）　　　　⠼25パーセント（25パーセント）

　　　　　⠼8ジ□⠼30プン（8時30分）

2.　およその数で、数が重なる場合は、それぞれに数符を前置して続けて書き、読点などは用いません。

　　　例）⠼2⠼3カイ（二、三回）　　　⠼14⠼5サイ（十四、五歳）

　　　　　⠼4⠼500人（四、五百人）　　　⠼5⠼600ダイ（五、六百台）

3.　小数は小数点②の点（⠂）を用いて書きます。また、分数は一般の文では分数線を用いないで、読み上げる順序に、分母と分子の間を区切って書きます。

　　　例）⠼3⠂14（3.14）　　　⠼5ブンノ□⠼2（$\frac{2}{5}$）

4.　文中に出てくる大きな数で、数の終わりが千、万、億などの単位の場合は、その単位を仮名で書きます。

　　　例）⠼2センネン（二千年）

　　　　　⠼12マントン□ノ□フネ（十二万トンの船）

　　　　　ジンコーワ□⠼1⠒オク□⠼2センマンニン（人口は一億二千万人）

5.　一つ（ヒトツ）、二つ（フタツ）のように和語読みする場合は、仮名で書きます。

　　　例）ヒトクミ（一組）　　　フタリ（二人）　　　ミツアミ（三つ編み）

　　　　　ナナクサ（七草）　　　ミソカ（三十日）　　　⠼5ガツ□イツカ（五月五日）

6. 数量や順序の意味が薄れた言葉は、数字を用いないで仮名で書きます。

例）イッパン（一般）　　　　　ユイイツ（唯一）

　　ムニ（無二）　　　　　　　シメン□ソカ（四面楚歌）

　　カントー□イチエン（関東一円）　サイサン□サイシ（再三再四）

7. 人名や地名（地番などを除く）など、固有名詞のなかに数字が出てくる場合は、
仮名で書きます。

例）シコク（四国）　　キューシュー（九州）　　ハチノヘ（八戸）

　　クロー□ヨシツネ（九郎義経）

　　ナオキ□サンジューゴ（直木三十五）

Lesson 9　練習問題

次の言葉を数の書き方に注意して書いてみましょう。

（1）一番になる

（2）二段のぼる

（3）三匹の子ブタ

（4）四百メートルハードル

（5）二、三百人の行列

（6）彼女の年齢は、二十五、六歳か

（7）残りのチケットは、百四、五十枚

（8）四十五円で始終ご縁

（9）1インチは2.54センチ

（10）キュウリ$\frac{1}{2}$本

（11）五千円札十数枚

（12）予算は82兆1800億円

（13）一段と豪華

（14）一言多い

（15）二者択一

（16）二組四人を招待

（17）八百屋の四つ角を左折

（18）野党は四分五裂の状態

（19）五人組の一員

（20）暮れ六つの鐘が鳴る

（21）なくて七癖、あって四十八癖

（22）三月三日は雛祭り

（23）千葉県九十九里浜

（24）神戸三宮地下街

（25）3泊4日で四万十川を下る

Lesson 10　外字符と外国語引用符

1. アルファベットを、文字または略称として書く場合は、外字符（⠔）を前置します。1つの略称のなかで使われる中点や省略符としてのピリオドは、原則として省略します。なお、ピリオドを用いる場合でも続けて書きます。

　　例）⠔a（a）　　　⠔E（E）　　　⠔JR（JR）　　　⠔OCR（OCR）
　　　　⠔USA　　　⠔U⠲S⠲A⠲（U.S.A.）

2. アルファベットで書かれた語句や文は、その前後を外国語引用符（⠦～⠴）で囲んで書きます。

　　例）キセキノ□ヒト□⠦Helen□Keller⠴
　　　　（奇跡の人Helen Keller）

3. 1語中でアルファベットに仮名が続く場合は、第1つなぎ符をはさんで書きます。

　　例）⠔A⠐ガタ（A型）　　　　　⠔T⠐シャツ（Tシャツ）
　　　　⠔PK⠐セン（PK戦）　　　　⠔SF⠐ズキ（SF好き）

4. 1語中で仮名にアルファベットが続く場合は、続けて書きます。

　　例）オバ⠔Q（オバQ）　　　ナン⠔cm（何cm）

5. ひと続きに書き表すべき1語中に、その構成要素として英単語などが含まれている場合には、外国語引用符で囲んでアルファベットで書きます。外国語引用符の前の仮名とは続け、後ろの仮名とは第1つなぎ符をはさんで続けて書きます。

　　例）シロ⠦wine⠴（白wine）
　　　　⠦gift⠴⠐ケン（gift券）

6. アルファベットと数字は続けて書きます。

　　例）⠔B⠼5ハン（B5判）　　　⠼5⠔g（5g）
　　　　⠼42⠲195⠔km（42.195km）　　　⠼3⠔LDK（3LDK）
　　　　⠔F⠼16ガタ□セントーキ（F16型戦闘機）

7. アルファベットまたは外国語引用符の後ろに助詞や助動詞がくる場合には、その間を１マスあけて書きます。

　　例）⠿⠿⠿PR□ヲ□スル（PRをする）

　　　　⠿⠿⠿CM□ニ□ナッタ（CMになった）

　　　　テンジノ□コトヲ□エイゴデワ□⠿⠿Braille⠿□ト□イウ

　　　　（点字のことを英語ではBrailleという）

8. ホームページや e メールのアドレスなどを書き表す場合は、アドレス囲み符号（⠿⠿〜⠿⠿）で囲みます。

　　例）⠿ e □メール

　　　　⠿⠿haruko⠿3155⠿docomo⠿ne⠿jp⠿⠿

　　　　（ e メール　haruko3155@docomo.ne.jp）

　　　　《注》⠿は情報処理用文字の＠を表します。

Lesson 10　練習問題

次の言葉をアルファベットの書き方のルールに従って書いてみましょう。

（1）BGM　　　VIP　　　　NASA　　　　UNESCO

（2）sugarとmilk　　　　　headとtail

（3）Silence is gold.

（4）As time goes by.

（5）NYとはNew York

（6）Goal KeeperがGKだ

（7）ID番号　　　　IQテスト　　　FA移籍　　　　BS放送　　　　PETボトル

（8）OA化　　　　PL法　　　　RV車　　　　AP電　　　　GNP比

（9）逆V字型　　　B777型機　　　ディレクTV

（10）メールアドレスは　　brl-kurazi1890@docomo.ne.jp

Lesson 11　ひと続きに書く言葉（1）

1.　意味を持った１つの言葉（自立語）はひと続きに書きます。

　　例）ソラ（空）　　　　ヤマ（山）　　　　ミサキ（岬）

　　　　カオリ（香）　　　　ワタクシ（私）　　　ウツクシイ（美しい）

　　　　イチジルシイ（著しい）　　　キレイダ（綺麗だ）

　　　　ドードータル（堂々たる）　　　アソブ（遊ぶ）　　　　カガヤク（輝く）

2.　２つに分けると意味の理解を損なう言葉は、ひと続きに書きます。

　　例）アサヒ（朝日）　　　　アサユー（朝夕）　　　ノヤマ（野山）

　　　　テアシ（手足）　　　　ユミズ（湯水）　　　　ツキアカリ（月明かり）

　　　　カチマケ（勝ち負け）　　ソコココ（そこここ）

　　　　オトコノコ（男の子）

3.　短い略語は、ひと続きに書きます。

　　例）ニューシ（入試）　　　ガクワリ（学割）　　　コーソツ（高卒）

　　　　パソコン　　　　　　　マスコミ　　　　　　　ハイテク

4.　２語の複合によって連濁を生じる場合は、ひと続きに書きます。

　　例）クサキゾメ（草木染め）　　　　カコーゼキ（河口堰）

　　　　カブシキガイシャ（株式会社）　　　メザマシドケイ（目覚まし時計）

　　　　ユノミチャワン（湯呑み茶碗）　　　チカラヅヨイ（力強い）

Lesson 11 　練習問題

次の言葉を書いてみましょう。

（1）夕日　　白黒　　山道　　岩陰　　手首　　花束　　香の物

（2）大卒　　日銀　　ガン研　サラ金　プロレス　デジカメ
　　　中3

（3）小春日和　　　経験不足　　　一本調子　　　千成瓢箪
　　　心苦しい　　　いろは歌留多　屋根瓦　　　五人囃子

Lesson 12　ひと続きに書く言葉（2）

1. 接頭語や接尾語などがついた場合は、原則として、ひと続きに書きます。

    例）マヨナカ（真夜中）　　　　ダイネッセン（大熱戦）

    　　イチハヤク（いち早く）　　ウラワカイ（うら若い）

    　　エイガカ（映画化）　　　　ミナサマガタ（皆様方）

    　　ガクネンゴト（学年ごと）　コーカテキ（効果的）

    【例外】接頭語や接尾語であっても、理解しやすくするために、発音上の切れ目
    などを考慮して、区切って書く場合もあります。

    　　コ口カワバタ口センセイ（故川端先生）　　キ口ショーテン（貴商店）

    　　チョー口ゲンジツテキ（超現実的）　　　マル口⠼１ニチ（丸一日）

    　　マン口⠼３ネン（満３年）　　　　　　キュー口シナイ（旧市内）

2. 熟語などの前後に意味を添える言葉（造語要素）がついたときは、原則として
続けて書きます。

    　　例）ナオキショー（直木賞）

    　　モンブ口カガク口ダイジンショー（文部科学大臣賞）

    　　ニューセンサク（入選作）　　フレンゾクセン（不連続線）

    　　ユーシカクシャ（有資格者）　ヒホケンシャショー（被保険者証）

・・・・〈参考〉・・・

　造語要素は辞書により「名詞」あるいは「接頭的」「接尾的」などと書かれてい
ることがあります。

・・

3. 複合動詞や複合形容詞は、ひと続きに書きます。

    例）トビハネル（飛び跳ねる）　　アルキツヅケル（歩き続ける）

    　　ウタイハジメル（歌い始める）　ワライサザメク（笑いさざめく）

    　　ユメミル（夢見る）　　　　　オモシロオカシイ（面白おかしい）

    　　オモクルシイ（重苦しい）　　アルキヤスイ（歩きやすい）

    　　ワカリニクイ（わかりにくい）　ニンゲンクサイ（人間臭い）

4. 漢字1字ずつが対等な関係で並んでいる言葉は、ひと続きあるいは1つずつ区切って書きます。また、漢字1字ずつが並んだ言葉であっても、前後2字ずつのまとまりが明らかに対等関係で使われる場合には、2つに区切って書きます。

例）シチョーソン（市町村）

　　　セイネンガッピ（生年月日）

　　　シノーコーショー（士農工商）

　　　ジン□ギ□レイ□チ□シン（仁義礼智信）

　　　コー□オツ□ヘイ□テイ□ボ（甲乙丙丁戊）

　　　トーザイ□ナンボク（東西南北）

　　　カゲン□ジョージョ（加減乗除）

　　　キショー□テンケツ（起承転結）

 Lesson 12　練習問題

次の言葉の切れ続きを考えて書いてみましょう。

（1）あい済まぬ　　　薄暗い　　　　　うちしおれる

（2）か細い　　　　　第一回　　　　　ほの暗い

（3）わたし宛　　　　子どもたち　　　一つずつ

（4）各方面　　　　　貴研究所　　　　反社会的

（5）最優秀賞　　　　中学校長　　　　海水浴場

（6）歩きまわる　　　探し出す　　　　光り輝く

（7）扱いやすい　　　書きよい　　　　削りにくい

（8）涙もろい　　　　ほど遠い　　　　心にくい

（9）天地人　　　　　衣食住　　　　　市町村

（10）都道府県　　　　春夏秋冬　　　　生老病死

（11）花鳥風月　　　　前後左右

Lesson 13　分かち書き（1）

　　点字は仮名文字ですので、文章を書く際に、意味を理解する上で文の言葉の切れ目がわかることが大切です。したがって、言葉と言葉の間はマスをあけて、その切れ目がわかるようにしなければなりません。それらを分かち書きといっています。その意味で分かち書きは重要なルールです。

1. それ自体意味をもった語（自立語 <ruby>自立語<rt>じりつご</rt></ruby>）は、すべて区切って書きます。
　　例）ウツクシイ□ハナ（美しい花）　　　　ツメタイ□ミズ（冷たい水）
　　　　アサ□ハヤク□オキル（朝早く起きる）
　　　　カガク□ギジュツ□ジョーホー（科学技術情報）
　　　　テン□タカク□ウマ□コユル□アキ（天高く馬肥ゆる秋）

2. 日本語には、自立語と自立語の関係を表すために、助詞がたくさん使われています。助詞は付属語といい、自立語に続けて書きます。
　　例）ヒガ□ノボル（日が昇る）　　　　ボクノ□ユージン（ぼくの友人）
　　　　アソビニ□イク（遊びに行く）　　ホンヲ□ヨム（本を読む）
　　　　ムカシナガラノ□ホーホー（昔ながらの方法）
　　　　ゴミバカリガ□フエル（ゴミばかりが増える）

···· 〈参考〉 ··
　　主な助詞には次のようなものがあります。

か	が	から	くらい	けれど	こそ	さ	さえ
しか	すら	だけ	だに	たり	つつ	て	で
と	とも	な	ながら	など	なり	に	ね	の
ので	のに	のみ	は（わ）	ば	ばかり	へ（え）
ほど	まで	も	や	よ	より	を

··

3. 助動詞も、助詞同様に付属語なので、続けて書きます。
　　例）クルマヲ□ハシラセル（車を走らせる）
　　　　アソビヲ□ヤメサセル（遊びをやめさせる）

エンカガ□ウタワレル（演歌が歌われる）

ゴチソーヲ□タベタイ（ごちそうを食べたい）

カミヲ□アライマス（髪を洗います）

アメガ□フルソーダ（雨が降るそうだ）

オンナラシイ□スガタ（女らしい姿）

オテンキワ□ナオ□ツヅクミタイデス（お天気はなお続くみたいです）

···· 〈参考〉 ··

主な助動詞には次のようなものがあります。

せる	させる	れる	られる	た	たい	たがる
たり	そうだ	ようだ	だ	です	ます	まい
なり	ぬ	ず	べし	らしい	ごとし	みたいだ

···

Lesson 13　練習問題

次の文を正しく区切って書いてみましょう。

（1）ゆっくり歩く。

（2）規則正しい生活。

（3）元気よく遊ぶ子供。

（4）われ思うゆえに我あり。

（5）監督とは名ばかり。

（6）来るのは、おばあちゃんだけか。

（7）大関ぐらいにはなれるかも。

（8）一円玉より軽いのね。

（9）アシスタントにさせられそうだ。

（10）部外者は入るべからず。

（11）編集長は誰なのですか。

（12）先ほどまで雨だったらしい。

（13）おなかいっぱいで食べられませんでした。

（14）蝶のように舞い、蜂のように刺す。

（15）動かざること山のごとし。

Lesson 14　分かち書き（2）

1. 形式名詞は区切って書きます。これは実質的には名詞としての意味の薄れた言葉ですが、表記上名詞として取り扱います。

　　例）ノギザカ□アタリ（乃木坂辺り）

　　　　ワスレズニ□ヨム□コト（忘れずに読むこと）

　　　　オクレタ□タメ（遅れたため）　　ハナヲ□ミル□トキ（花を見るとき）

···· 〈参考〉 ···

　　主な形式名詞には次のようなものがあります。

あまり（余り）	うえ（上）	うち（内）	かぎり（限り）
こと（事）	すえ（末）	せい（所為）	せつ（節）
たび（度）	ため（為）	てん（点）	とおり（通り）
とき（時）	ところ（所）	はず（筈）	ふう（風）
ほう（方）	ほか（他）	まま（儘）	め（目）
もの（物）	ゆえ（故）	よし（由）	わけ（訳）

··

2. 補助用言も区切って書きます。これらは独立した動詞や形容詞よりも意味が薄れた言葉ですが、表記上動詞や形容詞として取り扱います。

　　例）ネコデ□アル（猫である）　　　イヌデ□ナイ（犬でない）

　　　　カイテ□イル（書いている）　　カッテ□ヤル（買ってやる）

　　　　タベテ□ミル（食べてみる）　　ヨンデ□モラウ（読んでもらう）

　　　　ハナシテ□クダサイ（話してください）

　　　　オヨミ□イタダク（お読みいただく）

　　　　カワリ□ナイ（変わりない）　　カンケイ□ナイ（関係ない）

　　主な補助用言には次のようなものがあります。

　　　　あげる　　　あそばす　　　　ある　　　　　いる　　　いく　　　いただく

　　　　いたす　　　いらっしゃる　　　おく（おいて・おける）　　　　くる

　　　　くださる（ください）　　　ござる（ございます）　　　　しまう

　　　　つき（ついて・つきて）　　とって　　　ない　　なさる（なさい）

　　　　なる（なり）　　　みる　　　もうしあげる　　　もらう　　　やる

　　　　よる（よって・より）

3. 副詞の「ああ」「こう」「そう」「どう」などは、区切って書きます。

　　例）アア□イエバ（ああ言えば）　　　コー□ナル（こうなる）

　　　　ソー□ハナシタ（そう話した）　　ドー□コタエルノ（どう答えるの）

Lesson 14 練習問題

次の文を分かち書きに注意して書いてみましょう。

（1） 三陸辺りのカキもおいしい。

（2） 1日3回食後に飲むこと。

（3） 困ったときの神頼み。

（4） 事故のため1時間近く遅れた。

（5） 火をつけたまま出かけるところだった。

（6） それについては話を通しておくから。

（7） クラシックを聴いていると眠くなってしまう。

（8） ダイヤモンドも石炭も炭素である。

（9） 駅まで走らないと電車に間に合わない。

（10） 彼とはもう関係ないわ。

（11） あいつは酒2升をなんなく飲みほす底無しさ。

（12） 何気ない振る舞いに、心なしかあどけない面影をかいま見た。

（13） 忙しない年の瀬にとんでもない事件がまた起きた。

（14） お肌が美しくなくなるのは、良くないことです。

（15） 知らない間に物がなくなるようになって、劇団員間の信頼もなくなった。

（16） もしそうなれば僕にとっては願ったりかなったりだね。

（17） 学校におけるいじめは子どもたちの問題だという意見もありますが、必ずしもそうとばかりもいえないと思います。

（18） 彼女はああ見えてもいいとこのお嬢さんだから、やめとけ。

（19） まったく、どうもこうもないよ、こっちの言うことも聞かずに頭ごなしに怒鳴りつけるんだから。

（20） これで手打ちということでどうでしょう。

Lesson 15　分かち書き（3）

1.　連体詞の「あの」「この」「その」「どの」「ある」「わが」などは、区切って書きます。

　　例）アノ□コロ（あの頃）　　　　コノ□バショ（この場所）

　　　　ソノ□トキ（その時）　　　　ドノ□ヒト（どの人）

　　　　アル□テイド（ある程度）　　ワガ□ボコー（わが母校）

　　【例外】後ろの語と結びついて1語になっている場合は、ひと続きに書きます。

　　　　アノヨ（あの世）　　　　コノアイダ（この間）　　　コノタビ（この度）

　　　　ソノママ（そのまま）　　ワガヤ（わが家）

　　　　ソノウエ（そのうえ《さらにの意》）

　　　　ソノウチ（そのうち《やがての意》）

2.　独立した動詞の「なさい」「なさる」は、区切って書きます。

　　例）ライゲツ□ナサイ（来月なさい）

　　　　エンリョ□ナサイ（遠慮なさい）

　　　　キチント□ナサイ（きちんとなさい）

　　　　オヨミ□ナサル（お読みなさる）

　　【例外 1】省略形の場合は、ひと続きに書きます。

　　　　キイテナサイ（聞いてなさい《聞いていなさい》）

　　　　ダマッテナサイ（黙ってなさい《黙っていなさい》）

　　【例外 2】前の語と複合して1語になっている場合も、ひと続きに書きます。

　　　　ハシリナサイ（走りなさい）　　　オヤスミナサイ（おやすみなさい）

　　　　ハタラキナサイ（働きなさい）　　ゴランナサイ（ご覧なさい）

　　　　オヨミナサイ（お読みなさい）

 **Lesson 15** 練習問題

次の文を分かち書きに注意して書いてみましょう。

（1）どのバス停で降りれば、その公園に一番近いですか。

（2）わが故郷（ふるさと）の名物は、お茶の香りと男伊達。

（3）よく晴れたある日の午後、青山のそのギャラリーを訪れてみた。

（4）かわいそうにあの子は、不慮の事故であの世にいってしまったね。

（5）不正が発覚して首脳陣が一新、これによってこの間（かん）の真相も明るみに出た。

（6）市長以下その他大勢の市民が、平和への祈りを捧げた。

（7）この間この辺りを通りかかったら、もうススキの穂が出ていたんだよ。

（8）パソコンが動かなくなったのですが、本体そのものにはどうやら異常はないようです。

（9）夕べはどのぐらい飲んだか全然覚えてません。

（10）表紙のレイアウトは、見本どおりこのように割り付けました。

（11）このジャケットは、Ｔシャツの上からそのまま羽織って、ラフに着こなすといいですよ。

（12）くつろいでゆっくりなさい。

（13）どうぞお入りなさい。

（14）宿題を忘れた人は立ってなさい。

（15）原稿を執筆なさる先生は、本もたくさん読まれることでしょう。

（16）説明の間は前を向いてなさい。

Lesson 16　分かち書き（4）

1. 名詞に「する」が続く場合は、区切って書くことを原則とします。

　　例）ベンキョー□スル（勉強する）　　ヘンカ□スル（変化する）

　　　　ジゾク□スル（持続する）　　　　オネガイ□スル（お願いする）

　　　　コイ□スル（恋する）　　　　　　ジャンプ□スル（ジャンプする）

　　　　プッシュ□スル（プッシュする）

2. 副詞に「する」が続く場合も、区切って書きます。

　　例）キラキラ□スル（キラキラする）

　　　　ヒリヒリ□スル（ヒリヒリする）

　　　　ハッキリ□スル（はっきりする）

　　　　ホンノリ□シタ（ほんのりした）

　　　　シバラク□シテ（しばらくして）

　　　　ドー□スルノ（どうするの）

　　　　ソー□シテ□クダサイ（そうして下さい）

3. 「する」が独立の動詞として使われる場合も、もちろん区切って書きます。

　　例）アシタ□スル（明日する）　　　イクラ□スルノ（幾らするの）

　　　　⠼100⠻エン□シタヨ（100円したよ）

　　　　⠼1シューカン□シテカラ（一週間してから）

　　【例外】「する」が他の語と結びついて1語となり、意味が変化している場合は
　　　続けて書きます。

　　　　ソーシテ（そうして《そしての意》）

　　　　ドーシテ（どうして《なぜの意》）

4. 「する」が前の語と結合することによって、促音化や撥音化など音韻変化を起こしている場合や、連濁によって「ずる」と濁る場合は続けて書きます。

　　例）タッスル（達する）　セッスル（接する）　　ケッスル（決する）
　　　　ハッスル（発する）
　　　　オーズル（応ずる）　メイズル（命ずる）　　シンズル（信ずる）
　　　　カンズル（感ずる）　オモンズル（重んずる）　ウトンズル（疎んずる）

5. 自立性の弱い1字漢字に接尾語的に「する」がついて一体化した言葉や、「する」が五段活用する場合には、続けて書きます。

　　例）ハンスル（反する）　ヒスル（比する）　　ユースル（有する）
　　　　コースル（抗する）　ロースル（労する）　　コクスル（刻する）
　　　　アイスル（愛する）　ガイスル（害する）　　リャクスル（略する）
　　　　テキスル（適する）

アイスル
コイ□スル

－ 34 －

次の文を「する」「して」などに注意して、書いてみましょう。

（１）もっと努力すれば、試験に合格していたのに。

（２）タバコが値上がりしたら、禁煙者が増加しはじめた。

（３）スチュワーデスが機内放送した直後、旅客機は急降下した。

（４）今のところ、分かっていることは以上ですが、詳細はまた後日報告します。

（５）熟睡したので、今朝はすっきりした顔だ。

（６）髪の毛を短くすると、必ず誰かしらにどうしたのと聞かれる。

（７）窓ガラスの拭き掃除は、来週します。

（８）難しい議論はやめにして、もっと楽しい話しようよ。

（９）名簿をコンピュータ管理すれば、事務処理はもっと簡略化されるはずだ。

（10）かわいい女の子は、縫いぐるみをプレゼントされて、ニコニコしている。

（11）わがチームは、君を必要としているんだ。

（12）この命題は前回説明しましたので、省略させていただきます。

（13）まったりした味のマーガリンは、いくらするんですか。

（14）そんなにがっかりした顔しないでよ。

（15）どうして彼が引退したのか、今どこでどうしているのか、誰も知らないようです。

（16）ゆき当たりばったりに、ああしろ、こうしろと言われても、どうすればいいのか困惑してしまう。

（17）彼のしたことは、約束に反することだ。

（18）野口英世はアフリカの風土病の研究に心身を労した人である。

（19）若山牧水は酒を愛した歌人であった。

（20）利根川は三国山脈付近に発し、関東平野をうるおして太平洋に注ぐ。

Lesson 17 分かち書き（5）

1. 複合名詞で、内部に３拍以上の意味のまとまりが２つ以上ある場合は、その境目で区切って書きます。

　　　例）サクラ□ナミキ（桜並木）　　オンナ□トモダチ（女友達）

　　　　　テンジ□トショカン（点字図書館）

　　　　　ダイガク□ビョーイン（大学病院）

　　　　　フカクテイ□ヨーソ（不確定要素）

　　　　　コミュニティー□センター　　ロール□プレイング□ゲーム

････〈参考〉･･
　　「拍」とは、わかりやすくいえば、語の長さをはかる単位のことで、日本語では促音・撥音・長音も１拍に数えます。

　　　例）（２拍の言葉）アイ、キグ、ゴゴ、パン、キャク、ソー、キュー

　　　　　（３拍の言葉）カラス、ビンゴ、マッチ、ザッシ、キョート、

　　　　　　　　　　　　ショジュン、ジャンプ
･･

2. 複合名詞の内部の意味のまとまりが２拍以下であっても、自立性が強く、しかも意味の理解が容易になると考えられる場合は、１.のルールにかかわらず区切って書きます。

　　　例）ジゴ□ショリ（事後処理）　　シカ□イシ（歯科医師）

　　　　　カキ□キューカ（夏期休暇）　ボシ□ネンキン（母子年金）

　　　　　カヘイ□カチ（貨幣価値）　　カンコー□バス（観光バス）

3. 動植物名や理化学用語なども、複合名詞内部の切れ続きの原則に準じて書きます。

　　　例）ミズバショー（水芭蕉）　　　　タチウオ（太刀魚）

　　　　　コーノトリ（鸛）　　　　　　　アオカミキリモドキ

　　　　　ポリエチレン

　　　　　⠿３シキ□スミレ（３色スミレ）

　　　　　イシガキ□イチゴ（石垣いちご）

セイタカ□アワダチソー　　　　　　　カラス□ノエンドー（烏野豌豆）

コーテイ□ペンギン（皇帝ペンギン）　タツノ□オトシゴ

ナンキョク□ツバメ（南極ツバメ）

ポリ□エンカ□ビフェニル

Lesson 17　練習問題

次の文を分かち書きに注意して書いてみましょう

（１）光通信は、高速で大量の情報を送信できる。

（２）運賃改定で大幅値上げとなった。

（３）近世、イタリアのフィレンツェは自治都市でした。

（４）円相場は景気の不安定要因の１つだ。

（５）京都を観光タクシーでまわりました。

（６）臨海副都心にコンベンションセンターが完成。

（７）和風ハンバーグステーキとフレッシュオレンジジュースをください。

（８）週半ばまでに、ビル管理会社にパートタイマーを２、３人派遣できるだ
　　　ろう。

（９）トマト小１個はへたを取り、横半分に切って種をざっと取り、１cm角
　　　に切ります。

（10）当協会は、会員の皆様方に年数回ニュースレターをお送りいたします。

（11）この辺りは、海を見下ろせる南斜面で日当たりもよく、以前から南向き
　　　に瀟洒な別荘が点在する風光明媚なリゾート地です。

（12）明日の天気は西から急速に回復し、西日本ではおおむね晴れ、東日本の
　　　一部では雨が残るでしょう。

（13）花菖蒲は初夏に、白、桃、紫色などの美しい花をつけます。

（14）深山薄雪草はエーデルワイスに似た高山植物です。

（15）薄羽黄蜻蛉が田園の上を群れて飛んでいます。

Lesson 18　分かち書き（6）

1. 年月日や時間などは、その段階ごとに区切って書きます。

　　例）⠼1789ネン□⠼7ガツ□⠼14カ（1789年7月14日）

　　　　ショーワ□⠼20ネン□⠼8ガツ□⠼15ニチ（昭和20年8月15日）

　　　　ゴゼン□⠼10ジ□⠼30プン（午前10時30分）

2. 単位をつけた数（名数）も、その単位ごとに区切って書きます。

　　例）⠼1メートル□⠼65センチ□⠼8ミリ（1メートル65センチ8ミリ）

　　　　⠼2キロ□⠼350グラム（2キロ350グラム）

　　　　⠼3⠼cm□⠼4⠼mm（3cm4mm）

3. 年月日や名数などの後ろに自立可能な意味を持つ言葉が続く場合には、区切って書きます。

　　例）⠼1ガツ□⠼25ニチ□キ（1月25日記）

　　　　⠼1グラム□イカ（1グラム以下）

　　　　⠼1メートル□⠼54センチ□キョー（1メートル54センチ強）

　　　　⠼2⠼リットル□ジャク（2リットル弱）

　　　　⠼10パーセント□ゾー（10パーセント増）

　　　　⠼6ジ□⠼50プン□ハツ（6時50分発）

Lesson 18　練習問題

次の文を分かち書きに注意して書いてみましょう。

（１）ルイ・ブライユが生まれたのは、1809年１月４日です。

（２）2004年10月２日にイチローが大リーグにおけるヒットの新記録をつくった。

（３）12月14日、東京駅午前７時13分発ののぞみ５号に乗ります。

（４）日本女子マラソンの最高記録は、野口みずきの２時間19分12秒です。

（５）田畑と山林を合わせると、３町５反６歩になる。

（６）１キロ800グラムの牛肉をブロックで買ってきた。

（７）あのドラム缶には、200リットル弱の重油が入っているらしい。

（８）来年度の当社の売り上げ見通しは、今年度に比べて５パーセント増の見込みだ。

（９）応募者の年齢制限は、18歳以上30歳以下である。

（10）タクシーの深夜料金は、２割増しになります。

Lesson 19　分かち書き（7）

1. ２拍以下のくり返し言葉は、原則としてひと続きに書きます。
　　例）ウロウロ（うろうろ）　　ハラハラ（はらはら）
　　　　ポロポロ（ぽろぽろ）　　チョロチョロ（ちょろちょろ）
　　　　スースー（すーすー）　　ヤマヤマ（山々）

　　【例外】２拍以下であっても、意味を強調するために、区切って書く場合もあります。
　　　　例）ハヤク□コイ□コイ□オショーガツ（早く来い来いお正月）
　　　　　　アメヨ□フレ□フレ□モット□フレ（雨よ降れ降れもっと降れ）

2. ３拍以上の言葉をくり返す場合は、区切って書きます。
　　例）トオイ□トオイ□クニ（遠い遠い国）
　　　　ムカシ□ムカシ□アル□トコロニ（昔々ある所に）
　　　　ヒトリ□ヒトリ（一人一人）
　　　　ワカレ□ワカレニ□ナッタ（別れ別れになった）
　　　　パチリ□パチリ□ウツス（パチリパチリ写す）
　　　　ポッカリ□ポッカリ□ウカブ（ポッカリポッカリ浮かぶ）

3. ３拍以上の言葉であっても、くり返すことによって連濁を生じる場合は、ひと続きに書きます。
　　例）カエスガエス（かえすがえす）　　トコロドコロ（ところどころ）

4. 長い接続詞句や副詞句は、リズムやアクセントを考慮して言葉の切れ目で区切って書きます。
　　例）ト□イウノワ（というのは）
　　　　ニモ□カカワラズ（にもかかわらず）
　　　　ソレニ□シテモ（それにしても）
　　　　トニモ□カクニモ（とにもかくにも）
　　　　ヤモ□タテモ□タマラズ（やもたてもたまらず）

Lesson 19　練習問題

次の文を分かち書きに注意して書いてみましょう。

（1）色とりどりの花々が、咲き乱れています。

（2）全国各地からのさまざまな特産品が、所狭しと並んでいる。

（3）その芸人は、首を振り振り話する癖がある。

（4）もっとやれやれと、野次馬たちが口々にあおった。

（5）雨がぽつりぽつりと降ってきた。

（6）ひらりひらりと身をかわす闘牛士の早業に、大きな歓声があがる。

（7）人ごみをかきわけかきわけ、ようやくハチ公前にたどり着いたが、まだ誰も来ていないようだ。

（8）知らず知らず他人を傷つけていることは、多かれ少なかれ誰にでもあるのではないか。

（9）今年は初日の出を拝むことができなくて、返す返すも残念でなりませんでした。

（10）午後の授業が始まると５分としないうちに、教室のあちらこちらで、うつらうつらする学生が目につくようになる。

（11）それにしてもこの冬はよく雪が降ったねえ。

（12）とはいうものの、形勢が不利になっていくのを、どうすることもできなかった。

Lesson 20　人名と敬称など

1. 姓と名は区切って書きます。名前などの切れ目を明らかにするために用いられ
   る中点は省略し、その部分を1マスあけて書きます。
   　　例）オオエ□ケンザブロー（大江健三郎）
   　　　　ジョージ□ワシントン（ジョージ・ワシントン）
   　　　　オー□ヨーメイ（王陽明）　　　ケイ□ウンスク（桂銀淑）
   　　　　⠿E□⠿O□ライシャワー（E. O. ライシャワー）

2. 人名につく敬称「さん」「様」「君」「殿」「氏」「氏」などは、区切って書きます
   が、これが愛称になると、ひと続きに書きます。
   　　例）サトー□サン（佐藤さん）
   　　　　スズキ□イチロー□クン（鈴木一朗君）
   　　　　オザワ□セイジ□シ（小澤征爾氏）
   　　　　アキチャン（亜紀ちゃん）　　　オカヨサン（お加代さん）
   　　　　オシャカサマ（お釈迦様）

   　　【例外】「さん」「様」「君」「殿」などが普通名詞につく場合は、ひと続きに書
   　　　きます。
   　　　　例）サカナヤサン（魚屋さん）　　　カチョーサン（課長さん）
   　　　　　　オキャクサマ（お客様）　　　オツキサマ（お月様）
   　　　　　　ウサギクン（うさぎ君）

3. 人名に敬称、尊称、官位などがつく場合、それが3拍以上であれば区切って書
   き、2拍以下であればひと続きに書きます。
   　　例）イシカワ□クラジ□センセイ（石川倉次先生）
   　　　　ユカワ□ヒデキ□ハクシ（湯川秀樹博士）
   　　　　ヤマト□タケルノ□ミコト（日本武尊）
   　　　　アキコヒメ（彰子姫）　　　アキシノノミヤ（秋篠宮）
   　　　　オザキオー（尾崎翁）

4.　1つの団体を表す言葉は、続けて書きます。

　　例）ハナヤギリュー（花柳流）　　　カノーハ（狩野派）

5.　人名に造語要素がついて1つの意味を表す言葉は、続けて書きます。

　　例）サワムラショー（沢村賞）　　　ベーチェットビョー（ベーチェット病）

6.　短い言葉でもその人の作品などを表す場合には、区切って書きます。

　　例）ヨシモト□バナナ□チョ（吉本ばなな著）

　　　　サエグサ□シゲアキ□キョク（三枝成章曲）

　　　　ムラカミ□ハルキ□サク（村上春樹作）

7.　短い言葉でも自立性が強い場合には、区切って書きます。

　　例）ミヤケ□アナ（三宅アナ）　　　ワタナベ□プロ（渡辺プロ）

Lesson 20　練習問題

次の人名に続く言葉に注意して書いてみましょう。

（1）都知事の石原慎太郎氏は、石原裕次郎のお兄さんです。

（2）作家のC.W. ニコルは、執筆や講演など様々な活動を通じて、人々に自然保護の重要性を訴えつづけている。

（3）商店街の魚屋さんや肉屋さんは、駅前に新しくできた大型スーパーに買い物客を奪われはじめた。

（4）議長は、蓮舫君と言って指名しました。

（5）トモちゃんとヒロ君は、幼稚園のころからの仲良しです。

（6）鈴木家と松井家の結婚の儀が、滞りなく無事執り行われました。

（7）取引先の専務さんを一度ゴルフに接待せにゃならんかなあ。

（8）彼女の礼儀作法は、見事な小笠原流だ。

（9）羽生善治も、子どもの頃公文式で勉強したそうです。

（10）マザー・テレサは、ノーベル賞を受賞した。

（11）ディック・フランシス著、菊池光訳のミステリーシリーズは、よく売れます。

（12）宮里プロは、メジャー制覇を夢見てアメリカツアーに参戦した。

（13）お客様は神様です。

（14）お百度参りしたから、そのうち仏様のご利益があると思ってるんだ。

Lesson 21　地名など

1. 住所などは、段階ごとに区切って書きます。句読符などを用いずに別の要素が羅列されていたり、中にマスあけを含む語句が読点などを用いずに並列されている場合は、2マスあけて書きます。

 例）トーキョート□スギナミク□カミオギ□⠼2ノ□⠼37ノ□⠼10□□

   シカク□ショーガイシャ□シエン□ソーゴー□センター□□

   デンワ□⠼03⠤⠼5310⠤⠼5051

  （東京都杉並区上荻2の37の10　視覚障害者支援総合センター

   電話03－5310－5051）

2. 段階ごとに区切った地名（国名を含む）などに、3拍以上の意味のまとまりが2つ以上ある場合は、その境目で区切って書きます。

 例）ドイツ□レンポー□キョーワコク（ドイツ連邦共和国）

   オオサカ□サヤマシ（大阪狭山市）　　ヒタチ□オオタシ（常陸太田市）

   イズミ□サノシ（泉佐野市）　　　　ミノ□カモシ（美濃加茂市）

3. 地名に含まれる普通名詞が、3拍以上の場合は区切って書き、2拍以下の場合はひと続きに書きます。

 例）ムロト□ミサキ（室戸岬）　　　　アマギ□トーゲ（天城峠）

   ノービ□ヘイヤ（濃尾平野）　　　イズ□ハントー（伊豆半島）

   テムズ□カハン（テムズ河畔）　　オオサカワン（大阪湾）

   シナノガワ（信濃川）　　　　　　イナワシロコ（猪苗代湖）

   アサマヤマ（浅間山）

4. 団体名、会社名、商品名、建造物名なども、一般の複合名詞に準じて、段階や意味のまとまりごとに区切って書きます。

 例）ニホン□テンジ□イインカイ（日本点字委員会）

   イタバシ□クギカイ□ギイン（板橋区議会議員）

   ヒガシ□ニホン□リョカク□テツドー□カブシキガイシャ

   （東日本旅客鉄道株式会社）

   ニホン□デンシン□デンワ□カブシキガイシャ

   （日本電信電話株式会社）

   トーキョー□チューオー□ユービンキョク（東京中央郵便局）

アイチ□コーセイ□ネンキン□カイカン（愛知厚生年金会館）
オオサカ□ショーケン□トリヒキジョ（大阪証券取引所）
シズオカ□ケンリツ□ダイガク（静岡県立大学）
ヨコハマ□シミン□ビョーイン（横浜市民病院）
トーキョー□ベイ□⠿⠿NK□ホール（東京ベイNKホール）
ホッカイドー□チジ（北海道知事）
センターヲ□ササエル□カイ（センターを支える会）

 **Lesson 21**　練習問題

次の地名や組織名などの分かち書きに注意して書いてみましょう。

（1）東京都新宿区高田馬場1−23−4　社会福祉法人日本点字図書館　電話03の3209の0241。

（2）中華人民共和国の全国人民代表大会とは、我が国の国会にあたる機関である。

（3）社会福祉協議会の主催するボランティア講座は、受講料もお手頃で、しかも親しみやすいものばかりです。

（4）全国農業協同組合連合会を略して全農といいます。

（5）今年の全国盲学校長会の総会は、東京虎ノ門の日本教育会館で開催される。

（6）一宮といえば愛知県かと思いますが、千葉県にも上総一ノ宮というところがあります。

（7）東京湾の浦賀水道は、たくさんの船が行き交う海の難所です。

（8）納沙布岬から北方四島は、目と鼻の先です。

（9）三輪三山に囲まれた奈良盆地は、やはり夏暑く、冬寒い。

（10）志摩半島の英虞湾は、真珠の養殖で有名である。

（11）利根川上流の水源地には、なかなか雨が降らない。

（12）富士登山は、山梨県側の富士吉田市から入るのがよいでしょう。

（13）ともかく東京湾岸地域の埋め立ては、もう限界だ。

（14）最近の若い人たちは、東芝がその昔東京芝浦電気という社名だったことを知らないみたいだ。

Lesson 22　句読符

1.　文の終わりの句点（⠲）と次の文の間は、２マスあけます。句点の後ろにカギ
　　類やカッコ類の閉じ記号がくる場合は、句点に続けて書きます。

　　　例）ニワノ□ハナガ□サイタ⠲□□アカト□キイロノ□ハナダッタ⠲

　　　　　（庭の花が咲いた。赤と黄色の花だった。）

　　　　　⠶オツカレサマ⠲⠄トロ□イツモノ□アイサツデ□ワカレタ⠲

　　　　　（「おつかれさま。」といつもの挨拶で別れた。）

2.　点字では句点とピリオドが同形ですが、見出しの順位を表す数字やアルファベ
　　ットの後ろにピリオドが続く場合には、その後ろを１マスあけとします。

　　　例）⠼⠢⠲□ショーガイジ□キョーイク（5.障害児教育）

　　　　　⠰⠁⠲□モーキョーイク（A.盲教育）

　　　　　ア⠲□ニューヨージ□キョーイク（ア.乳幼児教育）

3.　文の終わりの疑問符（⠢）や感嘆符（⠖）と次の文の間は、２マスあけます。
　　ただし、後ろにカギ類などの符号の閉じ記号がある場合は、続けて書きます。また、
　　文の途中に疑問符や感嘆符が用いられる場合は、後ろは１マスあけにします。

　　　例）⠶ナゼ□ケンカニ□ナッタノ⠢□□ゲンインワ□ナンデスカ⠢⠄

　　　　　（「なぜ喧嘩になったの？　原因は何ですか？」）

　　　　　コレワ□ステキダ⠖□□ソレニ□キメタ⠲

　　　　　（これは素敵だ！　それに決めた。）

　　　　　アッ⠖□トロ□サケンダキリダッタ⠲

　　　　　（アッ！と叫んだきりだった。）

　　　　　⠶マア⠖⠄トロ□アンワ□イキヲ□ノンダ⠲

　　　　　（「まあ！」とアンは息をのんだ。）

4.　読点（⠰）や中点（⠐）の後ろは、１マスあけて書きます。

　　　例）セリ⠰□ナズナ⠰□ゴギョー⠰□ハコベラ⠰□ホトケノザ⠰□

　　　　　スズナ⠰□スズシロヲ□ハルノ□ナナクサト□イイマス⠲

　　　　　（せり、なずな、ごぎょう、はこべら、ほとけのざ、すずな、すずしろを春

の七草といいます。）

ガイコクノ□コクメイ⠒□チメイ⠒□ジンメイナドワ⠒□

ゲンソクト□シテ□カタカナデ□カク⠴

（外国の国名・地名・人名などは、原則としてカタカナで書く。）

 Lesson 22 練習問題

次の文を文章符号に注意して書いてみましょう。

（1）翌日は朝から快晴だった。一行は身支度を整えて、山小屋をあとにした。

（2）大昔から人間は、不老不死の方法を探し求めてきた。しかし、まだうまい方法を見つけることができないでいる。

（3）「この度は、誠にありがとうございました。」と言って、その婦人は深々と頭をさげた。

（4）ドンペリが１本１万円？　とは合点がゆかなかったが、迷った末にやはり買ってしまった。

（5）バッターが打ったとたんに「ホームラン!!」とアナウンサーは叫んでいた。

（6）あの店の牛丼は、早い、うまい、安いと三拍子揃ってるね。

（7）空が青い、風が暖かい、陽射しがまぶしい、もう春なんだ。

（8）知育・徳育・体育の調和のとれた教育が、現代においてもなお色あせず理想として掲げられる。

（9）祝賀会は１・２部制で、２部は立食パーティーとなります。

（10）行政改革が実行されれば、現在の行政機関は整理・統合されるだろう。だが、縮小・削減をともなうものになるのであろうか？

Lesson 23　囲みの符号

1. カギ類やカッコ類は、墨字(すみじ)に対応させて用います。なお、カッコ類が、前の語や文の説明に用いられているときは、前の語や文に続けて書き、明らかな挿入の場合は、1マスあけて書きます。第1カッコの中で、さらにカッコを必要とする場合には、二重カッコを用います。

    例）⠿⠿200⠿⠿エン□イタダキマス□ト□⠿テンインワ□イッタ⠿⠿
    （「200円いただきます」と、店員は言った。）
    ⠿⠿キミワ□⠿⠿キガ□ツカナカッタ⠿⠿□トロイイマシタヨネ⠿⠿⠿
    （「君は『気がつかなかった』と言いましたよね。」）
    ⠿⠿2005⠿⠿ヘイセイ□⠿⠿17⠿⠿ネン（2005（平成17）年）
    カレワ□⠿⠿ベンゴニント□シテ⠿⠿□ツヨク□シュチョー□シタ⠿⠿
    （彼は（弁護人として）強く主張した。）
    フクシ□ヨーグノ□キューフニ□ツイテワ⠿□
    ダイ⠿6ショー⠿⠿フクシ□ヨーグ⠿⠿⠿p⠿212⠿⠿⠿⠿ニ□
    キサイ□サレテ□イル⠿⠿
    （福祉用具の給付については、第6章（福祉用具（p212））に記載されている。）

2. 強調のためのアンダーラインや太字、傍点などを表す場合は、指示符類で前後をはさみます。

    例）チョクシャ□ニッコーヲ□サケ⠿□⠿⠿ショーニノ□テノ□
    トドカナイ□トコロ⠿⠿□ニ□ホカン□シテ□クダサイ⠿⠿
    （直射日光を避け、<u>小児の手の届かない所</u>に保管してください。）

3. 点訳挿入符（⠿⠿⠿〜⠿⠿⠿）は、点訳者の解説の言葉の前後をはさみます。この符号は、同音異義語や難解な言葉などに点訳者が解説を加えるために用います。

    例）トミントノ□レンケイ⠿□キョードー⠿⠿キョーリョク□シテ□
    ハタラク⠿⠿ニ□ヨッテ□ミドリノ□マチヅクリガ□ススンデ□イマス⠿⠿
    （都民との連携・協働《協力して働く》によって緑の町づくりが進んでいます。）

カンゴ□ケンシューセイガ□セイシキ⠰⠰ビョーニンナド□ノ□カラダヲ□フイテ□セイケツニ□スル⠰⠰ノ□ジッシューヲ□オコナッタ⠰

（看護研修生が清拭《病人などの体を拭いて清潔にする》の実習を行った。）

Lesson 23 　練習問題

次の文を文章符号に注意して書いてみましょう。

（1）「やっぱり、あたしの彼氏って、真面目で優しいのよ。」
　　　「どんなふうに？」
　　　「洋服でも、アクセサリーでも、何でもすぐに買ってくれるの。」

（2）「だから俺があれだけ『ローンで買い物するな』って言ったのに、おまえは全然言うこと聞かないから。あっという間にカード破産じゃないか。」

（3）血液型（ABO式）と性格との関係が、若い人たちの関心を集めている。

（4）あとは当日まで、フィットネス（健康）を保持し、コンセントレーション（集中）を高めていくだけです。

（5）絲山秋子著『沖で待つ』（2006年文藝春秋刊）は、第134回芥川賞受賞作である。

（6）日図協（日本図書館協会）は、障害者サービスのノウハウをわかりやすく解説した手引書を発行した。

（7）ODA（政府開発援助）は、発展途上国における一般民衆の生活向上にどの程度貢献しているのだろうか？ 近年その（援助の）ありかたが、問われている。

（8）IOC（International Olympic Committee、国際オリンピック委員会）の本部は、スイスのローザンヌにあります。

（9）往復はがきでお申し込みください。（なお、締め切りは2月10日（木）消印有効）

（10）明治政府は、まず鉱業の生産を増大させて、工業を発展させる殖産興業政策により、近代化を推進しようとした。

Lesson 24　線類の符号

1. 棒線（⠒⠒）は、前後を１マスあけて書きます。ただし、囲みの符号の内側に続く場合や句点などが後ろにくる場合は、続けて書きます。

　　　例）ミヤジマ□コーロ□⠒⠒□タダ□ヒトツ□ノコッタ□⠒⠒JR□
　　　　　レンラクセン（宮島航路 ── ただ１つ残ったJR連絡船）
　　　　　オンガクノ□ソーゾーシャ□⠒⠒□ツマリ□サッキョクカ□⠒⠒□ノ□
　　　　　セイシンヲ□クム□コトダ⠲
　　　　　（音楽の創造者 ── つまり作曲家 ── の精神を酌むことだ。）
　　　　　アンケートヲ□ジッシ□シタ⠲□□ソノ□ナイヨーワ□⠒⠒⠲
　　　　　（アンケートを実施した。その内容は ── 。）
　　　　　⠒⠒□ソーワ□イウケドネエ⠒⠒
　　　　　（「 ── そうは言うけどねえ。」）

2. 点線（⠐⠐⠐）は、前後を１マスあけて書きます。ただし、囲みの符号の内側に続く場合や句点などが後ろにくる場合は、続けて書きます。なお、語頭または語中の省略に点線を用いる場合には、後ろは続けて書くこともあります。

　　　例）ソートワ□カギラナイノダガ□⠐⠐⠐⠲
　　　　　（そうとは限らないのだが……。）
　　　　　⠐⠐⠐□ノ□キテイワ□ショクイン□スベテニ□⠐⠐⠐
　　　　　（……の規定は職員すべてに……）
　　　　　ドーブツエンデ□ゾー⠐□キリン⠐□カンガルー□⠐⠐⠐□ナド□
　　　　　タクサンノ□ドーブツヲ□ミマシタ⠲
　　　　　（動物園でゾウ・キリン・カンガルー……などたくさんの動物を見ました。）
　　　　　⠐⠐⠐カ□シャカイ（……化社会）
　　　　　⠐⠐⠐テキ□カンガエ（……的考え）

3. 波線（⠔⠔）は、前後を続けて書きます。
　　　例）トーキョー⠔⠔ハカタカン（東京〜博多間）
　　　　　⠔10⠔⠔18ジ（10〜18時）

4. 矢印（⠒⠒⠒⠒）は、前後を１マスあけて書きます。

例）トーキョー□⠒⠒⠒⠒□タカサキ□⠒⠒⠒⠒□ナガノ（東京 → 高崎 → 長野）

⠼１トー□トーセン□ホンスー□⠼10ポン□⠒⠒⠒⠒□⠼15ホン

（１等当選本数10本 → 15本）

ウィーン□⠒⠒⠒⠒□カトマンズカン□⠼１マン□⠼３ゼンキロヲ□

タイリク□オーダン□バスガ□ネンニ□⠼１⠀オーフク□シテ□

イマス⠲

（ウィーン⟷カトマンズ間13000キロを大陸横断バスが年に一往復して
います。）

Lesson 24　練習問題

次の文を文章符号に注意して書いてみましょう。

（１）デゴイチ ── D51型蒸気機関車 ── は、鉄道マニアのみならず、一般の
人々にもとても親しまれた機関車です。

（２）もう一度じっくり訪ねてみたい。 ── そんな思いが、いま私にはある。

（３）はたして予定どおり進むことができるだろうか……。

（４）「人権の尊重……それは幸せに生きていくために欠かせない……」

（５）……のような話というと、何を想像しますか。

（６）国民年金は、原則として20〜60歳まで保険料を支払います。

（７）本日の点字の講習は、午前９時30分〜11時45分です。

（８）日本点字の翻案者石川倉次（1859〜1944年）の伝記が出版されました。

（９）ペットボトルは、キャップをはずす → さっと洗う → つぶす → 回収
ボックスへ、という手順でリサイクルします。

（10）東京都区内⟷大阪市内のぞみ指定席特急回数券は、６枚つづりで３カ
月間有効です。

Lesson 25　その他の符号・記号

1. 星印（⠿⠿）は、注目させるために段落の冒頭にある※印や☆印などに対応させて用い、後ろを1マスあけて、文を書きます。

　　例）⠿⠿□ジカンヲ□ゲンシュ□シテ□クダサイ⠿⠿
　　　　（※時間を厳守してください。）

2. パーセント（⠿⠿）は「％」に対応させて用います。

　　例）⠿100⠿⠿（100％）　　　ナン⠿⠿（何％）
　　　　⠿10⠿⠿ビキ（10％引き）
　　　　⠿5⠿⠿□ノ□ショーヒゼイ（5％の消費税）

3. アンドマーク（⠿⠿）は「＆」に対応させて用い、前後を1マスあけて書きます。

　　例）⠿⠿Q□⠿⠿□⠿⠿A（Q＆A）
　　　　ジャズ□⠿⠿□フュージョン（ジャズ＆フュージョン）

4. アステリスク（⠿⠿）は「＊」に対応させて用います。

5. ナンバーマーク（⠿⠿）は「＃」に対応させて用います。

6. その他、「平方メートル」や「度」などの単位が「㎡」や「℃」といった記号で書かれているときは、点字では「ヘイホーメートル」または「⠿⠿⠿」、「ド」または「⠿⠿⠿⠿」と書きます。

　　例）⠿400⠿⠿⠿　　　　400㎡
　　　　⠿36⠿⠿⠿⠿　　　36℃

7. 計算式は、点字記号を用いると以下のように記すことができます。

　　例）＋（たす）　　　「⠿」　　1＋7　　　「⠿1⠿⠿7」
　　　　－（ひく）　　　「⠿」　　5－3　　　「⠿5⠿⠿3」
　　　　×（かける）　　「⠿」　　6×8　　　「⠿6⠿⠿8」

÷（わる）　　　「⠲⠂」　　4÷2　　「⠨4⠲⠂⠨2」
＝（イコール）　「⠒⠒」　　10−9＝1　「⠨10⠒⠔⠨9⠒⠒⠨1」

　ただし、「分量×3人」「お客様＝神様」などと文章中に計算記号が使われている場合は、点字記号を用いずに「ブンリョー□カケル□⠼3ニン」「オキャクサマ□イコール□カミサマ」のように書きます。

●Lesson 25　練習問題

次の文を文章符号に注意して書いてみましょう。

（1）　※欠席の際は前もって知らせてください。

（2）　☆チケットは下記で販売しています。

（3）　コシヒカリ100％のライス・ヌードルは、シコシコ感とのどごしに特徴があります。

（4）　70％国内資本、30％外国資本という会社は、1割を超えました。

（5）　トレン太くんという愛称で呼ばれているJRのレール＆レンタカー切符はとてもお得です。

（6）　R＆BはRhythm and Bluesの略語です。

（7）　電話のプッシュホンボタンは、7の下に＊、9の下に＃があります。

（8）　ダイヤル回線の電話で、＊を押すとプッシュ信号に切り替わり、プッシュホンサービスを利用できます。

（9）　彼女のPHSへは、短縮ダイヤル＃25でかけられます。

（10）　テレビ文字放送の受信コード番号は119＃です。

（参考１）　書き方のレイアウト

1.　文章の書き始めや、段落がかわって行を替える場合は、３マス目から書きます。段落など、文章の内容上の必要によって改行することを、「行替え」と言います。

2.　ひと続きに書かなければならない語句などがその行に入らない場合は、そのまとまりごと次の行に移して１マス目から書き続けます。このような行の替え方を「行移し」と言います。行末にゆとりがあっても、ひと続きの語句や符号が入りきらない時には、その語句や符号をマスあけの部分から次の行に書きます。

3.　行末や行頭に書くことができない記号があります。行頭に書くことができない記号は句読符・中点や囲みの符号の閉じ記号、行末に書くことができない記号は濁点や数符、外字符などのような前置記号や囲みの符号の開き記号などです。

4.　見出しは、項目が大きいものほど行頭を下げて書き始め、区別できるようにします。一般的には、７マス目から見出しを書き始め、その次の小さな見出しは５マス目から書き始めます。このように、見出しは奇数マスから書き始め、項目の段階の区別は２マスを基準とします。
　　なお、見出しが１行で書ききれない場合には、２行目以下は１行目の書き出しから２マス下げて書きます。
　　例）
　　　　□□□□□□□□ダイ⠼１ショー□□テンジノ□キゴー
　　　　□□□□□□□ダイ⠼１セツ□□テンジノ□コーセイト
　　　　□□□□□□□□ブライユノ□テンジ□ハイレツヒョー
　　　　□□□□⠼１⠼□テンジノ□コーセイ
　　　　□□テンジワ⠼□ヨコガキデ□ヒダリカラ□ミギエト
　　　　トツメンヲ□ヨム⠼□□テンジノ□ヒトツノ□タンイデ□⠼⠼⠼

　　第１章　点字の記号
　　第１節　点字の構成とブライユの点字配列表
　　　　１．点字の構成
　　　　点字は、横書きで左から右へと凸面を読む。点字の一つの単位で……。

（参考２）　点字書のレイアウト

1. ページ数は、各ページを読む際に右上になるように書き、両面書きの場合は奇数ページにだけ書きます。点字書が分冊となる場合は、ページ数は各巻ごとにつけ、普通は全巻の通しページとはしません。

2. 表題紙（表紙）は、原本表題紙に記載されている項目を基本にして、著者名、書名、副書名、巻数、発行所などを中寄せで書きます。なお、分冊となる場合は、その点字書の巻数を書き、次に全何巻かを書きます。

    例）

    グランド□フィナーレ

    アベ□カズシゲ□チョ

    ダイ1カン

    ゼン□3カン

    グランド・フィナーレ

    阿部　和重　著

    第1巻

    （全3巻）

3. 目次は、各項目の段階をはっきりさせるために書き出し位置に変化をもたせ、行末にページ数を書きます。見出しの項目が長くて2行にまたがる場合でも、行末のページ数の部分にかからないようにします。見出しとページ数との間の空白は②の点（ ）などでつなぎ、見出しと点線、ページ数の間はそれぞれ1マスあけます。

4. 奥付は、原本奥付の内容に、点訳完成日、点訳者名などを書き添えます。

付録 ── 総合練習

羊を数える

　眠れない時は羊を数えなさい。これを英語ではCount sheepというそうだ。『ランダムハウス英和大辞典』第2版によると（眠れない時、柵を次々と越えてくる羊を想像し）、その数を数えて眠りにつこうとする、とある。私自身、実行したことはないが、話には前々からよく聞いた。西洋では、牧場の羊を胸にえがきながら、羊が1匹、羊が2匹…と数えると10匹ぐらいに達するころには眠りにおちいると考えられていて、実行している人もいるとのことだ。

しあわせ

　「しあわせ」って何だろう。こう考えると、いつも思い出すのは60年前、小学生だったころ、友だちのケンちゃんが書いた「ぼくはしあわせ」というつづり方だ。ケンちゃんは小さな魚屋さんの長男だった。あのころ、もう4人ぐらい妹さんがいて、大変にぎやかだった。いまから思うとケンちゃんのお母さんはそれこそ大変だったと思う。ケンちゃんのつづり方は ── 。

『パソコン活用法 ── 挫折しないための基礎知識』

　「はっきりいって、パソコンはテレビや冷蔵庫とは違います」と、しょっぱなからクギをさされる。もちろん、それで見捨てられるわけではないのでご安心を。「車のように、最初はある程度の知識と努力が必用」なのだから、そこのところを、買う前に、あるいは買ってからでも、きちんと知っておきましょう、というわけ。必用最小限の情報が、かゆいところに手が届く感じでまとめられている。「役に立てようとしない」「何でもやろうとしない」など、初心者の心理を先取りした解説もうれしい。

子ども

『批判ばかりされた　子どもは
　非難することを　おぼえる

　殴られて大きくなった　子どもは
　力にたよることを　おぼえる

　笑いものにされた　子どもは
　ものを言わずにいることを　おぼえる

　皮肉にさらされた　子どもは
　鈍い良心の　もちぬしとなる

　しかし、激励をうけた　子どもは
　自信を　おぼえる

　寛容にであった　子どもは
　忍耐を　おぼえる

　賞賛をうけた　子どもは
　評価することを　おぼえる

　フェアプレーを経験した　子どもは
　公正を　おぼえる

　友情を知る　子どもは
　親切を　おぼえる

　安心を経験した　子どもは
　信頼を　おぼえる

　可愛がられ　抱きしめられた　子どもは
　世界中の愛情を　感じとることを　おぼえる』

ドロシー・ロー・ノルト

練習問題解答

Lesson 2

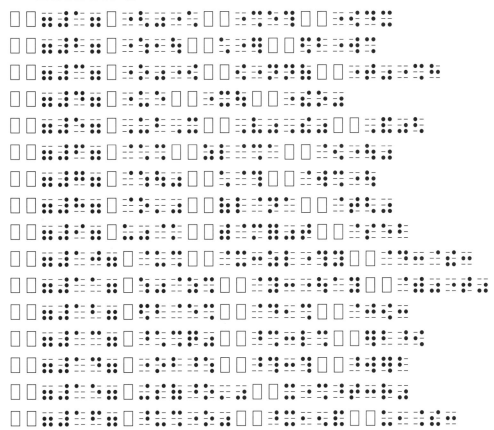

Lesson 3

Lesson 4

⠀⠀⠀⠀

Lesson 5

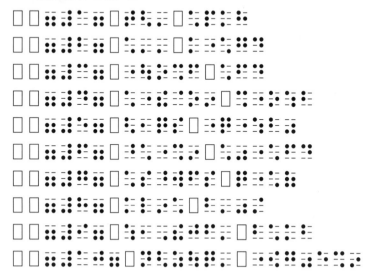

Lesson 6

⠿ braille text ⠿

Lesson 7

⠿ braille text ⠿

Lesson 8

⠿ braille text ⠿

※中点の省略については42ページ参照

Lesson 9

⠿ ⠿⠿⠿⠿⠿ ⠿ ⠿⠿⠿⠿⠿ ⠿ ⠿⠿⠿⠿⠿
⠿ ⠿⠿⠿⠿⠿ ⠿ ⠿⠿⠿⠿ ⠿ ⠿⠿⠿
⠿ ⠿⠿⠿⠿⠿ ⠿ ⠿⠿⠿⠿ ⠿ ⠿⠿⠿⠿
⠿ ⠿⠿⠿⠿⠿ ⠿ ⠿⠿⠿⠿⠿⠿ ⠿ ⠿⠿⠿⠿⠿
⠿ ⠿⠿⠿⠿⠿ ⠿ ⠿⠿⠿⠿ ⠿ ⠿⠿⠿⠿⠿ ⠿ ⠿⠿⠿
⠿ ⠿⠿⠿⠿⠿ ⠿ ⠿⠿⠿⠿ ⠿ ⠿⠿⠿⠿ ⠿ ⠿⠿⠿⠿⠿⠿ ⠿ ⠿⠿⠿⠿⠿⠿
⠿ ⠿⠿⠿⠿⠿ ⠿ ⠿⠿⠿⠿⠿ ⠿ ⠿⠿⠿⠿ ⠿ ⠿⠿⠿⠿
⠿ ⠿⠿⠿⠿⠿ ⠿ ⠿⠿⠿⠿⠿⠿ ⠿ ⠿⠿⠿⠿ ⠿ ⠿⠿⠿⠿
⠿ ⠿⠿⠿⠿⠿ ⠿ ⠿⠿⠿⠿⠿ ⠿ ⠿⠿⠿⠿⠿⠿ ⠿ ⠿⠿⠿⠿⠿ ⠿ ⠿⠿⠿⠿⠿⠿
⠿ ⠿⠿⠿⠿⠿ ⠿ ⠿⠿⠿⠿⠿ ⠿ ⠿⠿⠿⠿ ⠿ ⠿⠿⠿⠿⠿
⠿ ⠿⠿⠿⠿⠿ ⠿ ⠿⠿⠿⠿⠿ ⠿ ⠿⠿⠿⠿⠿⠿ ⠿ ⠿⠿⠿⠿⠿
⠿ ⠿⠿⠿⠿⠿ ⠿ ⠿⠿⠿⠿⠿ ⠿ ⠿⠿⠿⠿⠿ ⠿ ⠿⠿⠿⠿⠿
⠿ ⠿⠿⠿⠿⠿ ⠿ ⠿⠿⠿⠿⠿ ⠿ ⠿⠿⠿⠿⠿ ⠿ ⠿⠿⠿⠿⠿⠿⠿⠿⠿ ⠿
⠿⠿⠿⠿⠿

Lesson 10

⠿ ⠿⠿⠿⠿⠿ ⠿ ⠿⠿⠿⠿⠿⠿ ⠿⠿ ⠿⠿⠿⠿⠿ ⠿ ⠿⠿⠿⠿⠿⠿ ⠿⠿
⠿⠿⠿⠿⠿⠿⠿⠿

⠿ ⠿⠿⠿⠿⠿ ⠿ ⠿⠿⠿⠿⠿ ⠿ ⠿⠿ ⠿ ⠿⠿⠿⠿⠿⠿ ⠿ ⠿⠿⠿⠿⠿⠿ ⠿
⠿⠿ ⠿ ⠿⠿⠿⠿⠿⠿

⠿ ⠿⠿⠿⠿⠿ ⠿ ⠿⠿⠿⠿⠿⠿⠿ ⠿ ⠿⠿ ⠿ ⠿⠿⠿⠿⠿⠿
⠿ ⠿⠿⠿⠿ ⠿ ⠿⠿⠿⠿⠿ ⠿ ⠿⠿⠿⠿ ⠿ ⠿⠿⠿⠿⠿
⠿ ⠿⠿⠿⠿ ⠿ ⠿⠿⠿⠿⠿ ⠿ ⠿⠿ ⠿ ⠿⠿⠿⠿ ⠿ ⠿⠿⠿⠿⠿
⠿ ⠿⠿⠿⠿⠿ ⠿⠿⠿⠿⠿ ⠿ ⠿⠿⠿⠿⠿⠿⠿ ⠿ ⠿⠿ ⠿ ⠿⠿⠿⠿⠿ ⠿
⠿⠿⠿

⠿ ⠿⠿⠿⠿⠿ ⠿⠿⠿⠿⠿⠿⠿ ⠿⠿⠿⠿⠿ ⠿⠿ ⠿ ⠿⠿⠿⠿⠿ ⠿ ⠿⠿⠿⠿⠿⠿ ⠿⠿
⠿⠿⠿⠿⠿⠿⠿ ⠿ ⠿⠿⠿⠿⠿⠿ ⠿ ⠿⠿⠿⠿⠿⠿⠿ ⠿ ⠿⠿⠿⠿⠿ ⠿
⠿⠿⠿⠿⠿

⠿ ⠿⠿⠿⠿⠿⠿⠿ ⠿ ⠿⠿⠿⠿⠿⠿⠿⠿ ⠿ ⠿⠿⠿⠿⠿⠿⠿⠿ ⠿ ⠿⠿

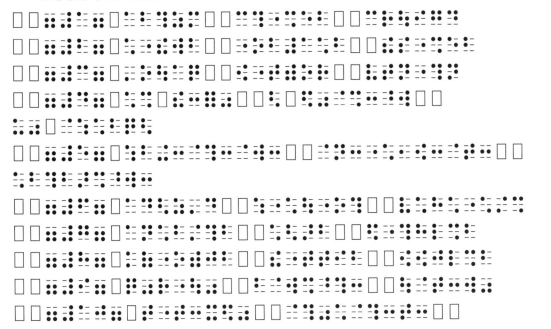

Lesson 11

Lesson 12

Lesson 13

Lesson 14

Lesson 15

⠿⠿⠒⠗⠇⠀⠿⠞⠝⠤⠿⠸⠒⠚⠗⠀⠿⠕⠝⠞⠍⠁⠀⠿⠇⠒⠝⠀
⠝⠞⠙⠹⠁⠀⠿⠅⠝⠝⠀⠿⠎⠗⠕⠹⠎⠚⠇⠆

⠿⠞⠝⠗⠇⠀⠇⠤⠝⠝⠁⠞⠀⠿⠝⠞⠝⠕⠇⠎⠝⠀⠤⠗⠇⠆⠀
⠝⠞⠙⠹⠀⠤⠹⠝⠝⠎⠚⠆

⠿⠞⠝⠗⠇⠀⠇⠤⠝⠞⠎⠞⠒⠝⠀⠿⠝⠎⠝⠝⠤⠁⠀⠇⠤⠝⠞⠗⠇⠀
⠎⠹⠆⠀⠇⠹⠝⠝⠞⠝⠝⠀⠇⠞⠝⠤⠹⠗⠀⠗⠹⠆

⠿⠞⠝⠗⠇⠝⠀⠇⠤⠝⠝⠀⠇⠤⠝⠞⠝⠝⠀⠗⠞⠝⠝⠀⠿⠞⠝⠞⠝⠹⠀
⠝⠞⠁⠞⠗⠇⠀⠇⠤⠝⠗⠝⠁⠀⠝⠝⠝⠎⠝⠝⠆

⠿⠞⠝⠗⠇⠝⠁⠀⠿⠝⠝⠝⠿⠀⠇⠞⠝⠝⠒⠀⠿⠞⠝⠞⠿⠀⠤⠞⠝⠞⠝⠝⠤⠝⠁⠀
⠝⠹⠝⠝⠗⠿⠀⠎⠝⠞⠝⠝⠿⠀⠇⠗⠞⠝⠿⠀⠿⠝⠝⠝⠝⠗⠀⠇⠞⠝⠗⠝⠹⠆⠀
⠞⠹⠝⠞⠞

⠿⠞⠝⠝⠝⠹⠀⠝⠝⠤⠝⠿⠀⠇⠞⠝⠝⠿⠀⠇⠝⠝⠞⠝⠿⠀⠇⠞⠝⠹⠿⠀⠝⠹⠞⠝⠒⠗⠝⠝⠿⠀
⠝⠝⠝⠞⠝⠿⠀⠇⠝⠝⠝⠞⠝⠀⠇⠝⠝⠝⠞⠞⠹⠆

⠿⠞⠝⠝⠝⠹⠀⠇⠞⠝⠝⠀⠇⠞⠝⠝⠝⠞⠀⠇⠞⠝⠝⠝⠝⠿⠀⠇⠝⠝⠝⠞⠹⠝⠝⠝⠝⠿⠀
⠝⠝⠝⠝⠝⠹⠝⠝⠆⠀⠇⠝⠝⠞⠹⠀⠇⠞⠝⠝⠞⠹⠀⠇⠝⠝⠞⠝⠝⠞⠹⠆

⠿⠞⠝⠗⠇⠝⠀⠇⠝⠝⠝⠝⠿⠀⠇⠞⠝⠝⠒⠀⠇⠞⠝⠝⠝⠞⠀⠇⠝⠝⠝⠝⠝⠿⠝⠝⠝⠝⠹⠀
⠝⠝⠝⠝⠝⠞⠀⠇⠝⠝⠝⠝⠿⠝⠝⠞⠝⠝⠝⠝⠀⠇⠞⠝⠞⠝⠹⠝⠝⠝⠹⠆

⠿⠞⠝⠗⠇⠝⠝⠀⠇⠝⠝⠞⠝⠀⠇⠞⠝⠝⠝⠞⠀⠇⠝⠞⠝⠝⠝⠞⠀⠇⠝⠝⠝⠝⠹⠆
⠝⠝⠝⠝⠝⠝⠀⠇⠝⠝⠞⠝⠝⠝⠝⠞⠝⠝⠆

⠿⠞⠝⠗⠇⠝⠝⠀⠇⠞⠝⠝⠝⠀⠇⠞⠝⠝⠝⠞⠀⠇⠝⠝⠞⠝⠝⠝⠞⠀⠿⠞⠝⠝⠝⠝⠞⠝⠝⠝⠹⠀
⠝⠝⠝⠝⠞⠝⠝⠀⠇⠝⠝⠞⠝⠝⠞⠝⠝⠝⠝⠞⠆

⠿⠞⠝⠝⠝⠝⠀⠇⠞⠝⠝⠝⠞⠀⠇⠞⠝⠝⠝⠞⠀⠇⠞⠝⠝⠝⠝⠀⠇⠞⠝⠝⠝⠝⠞⠹⠆

⠿⠞⠝⠝⠝⠝⠞⠀⠇⠞⠝⠝⠝⠝⠝⠞⠝⠝⠞⠀⠇⠞⠝⠝⠝⠝⠞⠝⠝⠆⠀⠇⠞⠝⠝⠝⠞⠞⠝⠞⠀
⠝⠝⠝⠝⠝⠞⠀⠇⠞⠝⠞⠝⠝⠞⠝⠝⠝⠝⠞⠝⠝⠆

⠿⠞⠝⠗⠇⠞⠝⠝⠞⠀⠿⠝⠝⠝⠝⠝⠝⠞⠀⠇⠞⠝⠝⠝⠝⠞⠝⠀⠇⠞⠝⠝⠝⠞⠀⠿⠞⠝⠝⠝⠞⠝⠝⠝⠝⠞⠞

— 69 —

Lesson 16

Lesson 17

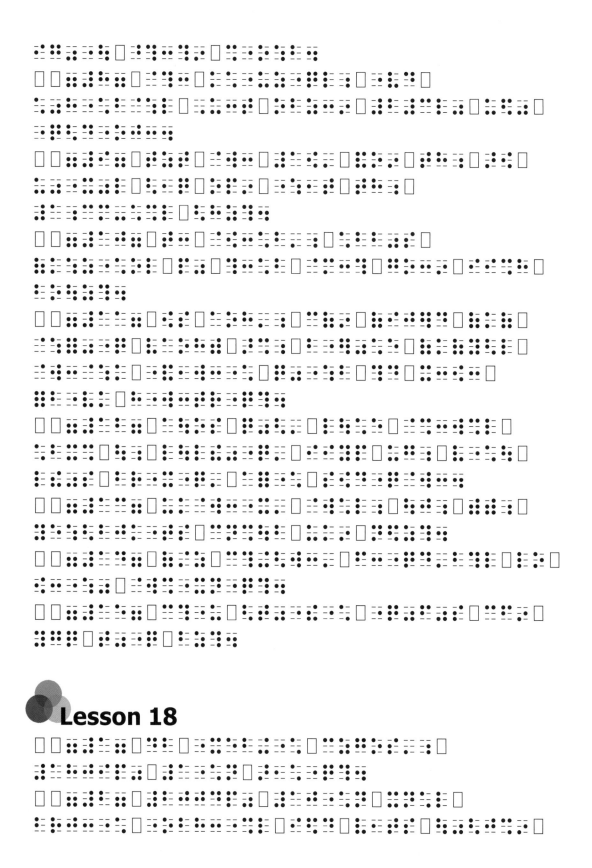

Lesson 18

⠰⠃⠆ ⠰⠉⠆ ⠒⠒ ⠰⠉⠆

(Braille text — multiple lines)

Lesson 19

(Braille text — multiple lines)

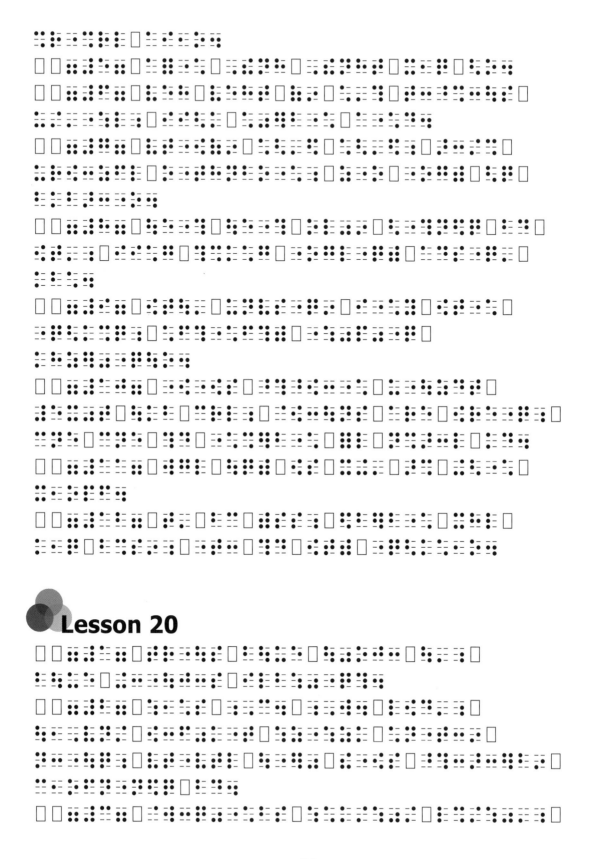

Lesson 20

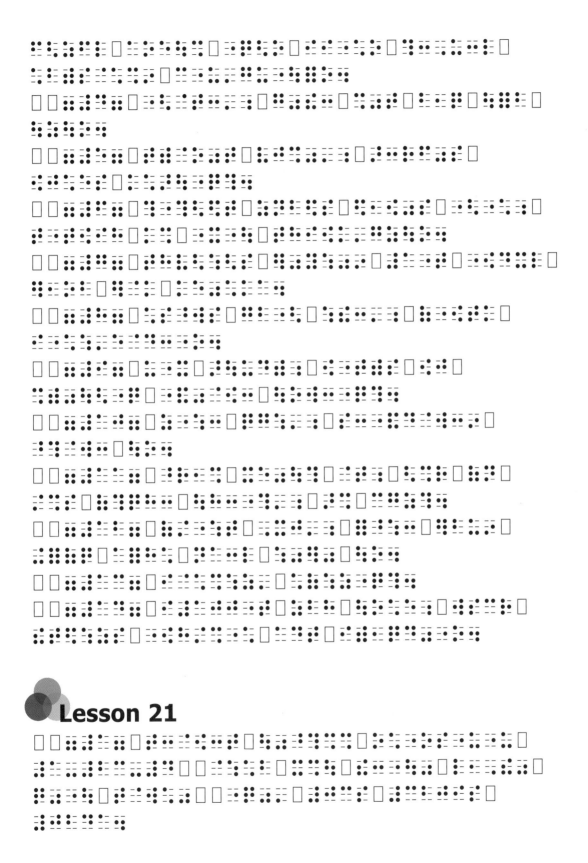

Lesson 21

⠀⠿⠩⠇⠊⠀⠑⠙⠲⠀⠝⠇⠛⠓⠀⠁⠍⠇⠡⠚⠀⠊⠺⠊⠛⠙⠀
⠅⠙⠊⠇⠊⠡⠀⠓⠊⠀⠑⠗⠓⠀⠙⠟⠲⠀⠇⠡⠊⠙⠀⠇⠑⠙⠀
⠉⠙⠊⠊⠡⠀⠛⠑⠙⠀⠫⠑⠙⠀⠕⠈⠑⠲

⠀⠩⠙⠊⠊⠡⠀⠍⠊⠑⠙⠀⠁⠇⠊⠙⠀⠚⠇⠑⠙⠀⠓⠑⠙⠀⠺⠊⠊⠇⠀⠊⠺⠇⠀
⠅⠊⠊⠇⠀⠁⠑⠙⠀⠅⠇⠙⠀⠚⠊⠛⠙⠀⠑⠑⠙⠀⠁⠑⠙⠀⠇⠊⠊⠡⠀
⠑⠡⠊⠓⠀⠙⠑⠙⠀⠓⠑⠙⠀⠑⠙⠀⠅⠑⠙⠀⠇⠊⠙⠀⠺⠊⠊⠇⠲

⠀⠩⠊⠡⠑⠡⠀⠑⠑⠙⠀⠇⠊⠑⠙⠀⠑⠊⠇⠀⠛⠊⠊⠇⠀⠊⠇⠊⠡⠀⠕⠩⠊⠑⠙⠀⠈⠡
⠊⠡⠑⠙⠀⠑⠙⠀⠇⠡⠊⠙⠀⠊⠩⠑⠙⠀⠇⠇⠙⠀⠑⠊⠇⠀⠑⠑⠇⠀⠇⠇⠙⠲

⠀⠩⠊⠡⠑⠡⠀⠊⠑⠙⠀⠑⠑⠙⠀⠇⠊⠡⠇⠀⠊⠑⠙⠀⠅⠑⠙⠀⠕⠑⠑⠙⠀⠊⠊⠇⠀⠑⠇⠙⠀
⠇⠇⠊⠇⠀⠇⠊⠙⠀⠑⠙⠀⠉⠊⠊⠙⠀⠑⠑⠙⠀⠇⠓⠇⠀⠇⠊⠑⠙⠀⠇⠊⠙⠲
⠑⠡⠊⠇⠀⠇⠑⠑⠙⠀⠑⠊⠊⠙⠀⠑⠊⠡⠀⠑⠙⠀⠓⠑⠡⠙⠲

⠀⠩⠑⠊⠡⠑⠡⠀⠇⠑⠙⠀⠑⠇⠙⠀⠈⠑⠑⠙⠀⠇⠑⠊⠙⠀⠉⠊⠊⠇⠀⠑⠙⠀⠇⠊⠊⠙⠊⠡⠀
⠑⠑⠇⠀⠑⠑⠙⠀⠑⠇⠙⠀⠈⠑⠑⠙⠀⠇⠑⠊⠙⠀⠑⠇⠡⠇⠀⠇⠙⠀⠑⠊⠊⠇⠀
⠑⠑⠇⠀⠑⠇⠙⠀⠈⠑⠊⠡⠲

⠀⠩⠊⠡⠑⠡⠀⠇⠊⠊⠇⠀⠑⠙⠀⠑⠙⠡⠀⠇⠑⠊⠙⠀⠕⠑⠊⠇⠀⠇⠑⠡⠀⠑⠊⠙⠀⠑⠊⠡⠀⠑⠡⠇⠀⠑⠊⠇⠲
⠑⠊⠇⠀⠇⠊⠑⠙⠀⠑⠊⠇⠀⠕⠇⠑⠙⠀⠑⠙⠀⠇⠙⠀⠑⠇⠊⠙⠀⠇⠊⠡⠊⠇⠲

⠀⠩⠊⠑⠙⠀⠇⠊⠡⠇⠀⠇⠑⠙⠀⠕⠇⠊⠡⠀⠑⠊⠊⠙⠀⠇⠊⠡⠡⠙⠀⠑⠊⠡⠙⠲
⠑⠊⠇⠀⠕⠇⠊⠡⠀⠑⠇⠙⠀⠑⠙⠡⠀⠑⠊⠡⠇⠲

⠀⠩⠊⠑⠙⠀⠅⠊⠙⠀⠑⠙⠡⠀⠑⠊⠙⠀⠇⠑⠙⠀⠕⠇⠑⠙⠀⠇⠇⠊⠇⠀⠑⠇⠊⠙⠡⠀⠊⠊⠇⠀⠑⠑⠙⠲
⠑⠙⠡⠀⠑⠙⠀⠇⠊⠑⠙⠀⠑⠙⠀⠇⠊⠡⠀⠇⠡⠇⠊⠙⠲

⠀⠩⠊⠡⠇⠊⠙⠀⠑⠇⠙⠀⠕⠇⠡⠇⠀⠇⠊⠊⠙⠀⠇⠊⠑⠙⠀⠕⠑⠊⠡⠀⠇⠡⠇⠡⠀⠇⠊⠡⠊⠇⠀⠑⠙⠀⠑⠊⠊⠡⠲
⠑⠇⠊⠡⠀⠇⠇⠊⠙⠀⠕⠑⠇⠙⠀⠑⠊⠡⠀⠑⠊⠡⠲

Lesson 22

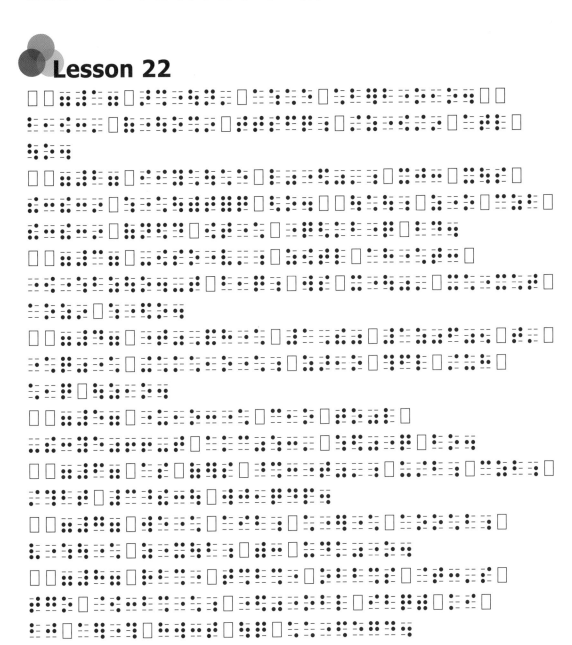

Lesson 23

Lesson 24

Lesson 25

⠃⠗⠊⠲⠀⠇⠪⠬⠀⠃⠜⠊⠀⠃⠜⠊⠀⠃⠜⠊⠀⠃⠜⠊⠀⠃⠜⠊⠀⠃⠜⠊⠀⠃⠜⠊⠀⠃⠜⠊⠀⠃⠜⠊
⠀⠀⠃⠜⠊⠀⠃⠜⠊⠀⠃⠜⠊⠀⠃⠜⠊⠀⠃⠜⠊⠀⠃⠜⠊⠀⠃⠜⠊⠀⠃⠜⠊⠀⠃⠜⠊⠀⠃⠜⠊
⠃⠗⠊⠲⠀⠇⠪⠬⠀⠃⠜⠊⠀⠃⠜⠊⠀⠃⠜⠊⠀⠃⠜⠊⠀⠃⠜⠊⠀⠃⠜⠊⠀⠃⠜⠊⠀⠃⠜⠊⠀⠃⠜⠊
⠃⠗⠊⠲⠀⠇⠪⠬⠀⠃⠜⠊⠀⠃⠜⠊⠀⠃⠜⠊
⠀⠀⠃⠜⠊⠀⠃⠜⠊⠀⠃⠜⠊⠀⠃⠜⠊⠀⠃⠜⠊⠀⠃⠜⠊⠀⠃⠜⠊⠀⠃⠜⠊⠀⠃⠜⠊⠀⠃⠜⠊
⠃⠗⠊⠲⠀⠇⠪⠬⠀⠃⠜⠊⠀⠃⠜⠊⠀⠃⠜⠊
⠀⠀⠃⠜⠊⠀⠃⠜⠊⠀⠃⠜⠊⠀⠃⠜⠊⠀⠃⠜⠊⠀⠃⠜⠊⠀⠃⠜⠊⠀⠃⠜⠊⠀⠃⠜⠊⠀⠃⠜⠊
⠃⠗⠊⠲⠀⠇⠪⠬⠀⠃⠜⠊⠀⠃⠜⠊⠀⠃⠜⠊⠀⠃⠜⠊

著 者　**阿佐　博**（あさ　ひろし）

1922年	徳島県に生まれる　5歳のとき外傷にて失明
	徳島県立盲学校初等部　官立東京盲学校中等部を経て
1941年	官立東京盲学校師範部入学
1944年	同校師範部卒業　岡山県立盲学校に教諭として勤務
1947年	官立東京盲学校に転任
1984年	同校（校名変更により筑波大学附属盲学校）定年退職
同　年	社会福祉法人東京ヘレン・ケラー協会勤務
2000年	同協会退職
1955年	日本点字研究会常任理事
1966年	日本点字委員会委員
1978年	同委員会副会長
1990年	同委員会会長
2002年	同委員会顧問
2004年	本間一夫文化賞受賞
2018年	逝去

著　書

『中村京太郎伝』	（日本盲人福祉研究会）
『日本の点字百年の歩み』	（日本点字制定百周年記念実行委員会）
『主の枝枝（えだえだ）として』	（日本キリスト教団出版局）
『父のノート～盲界九十年を生きて～』	（社会福祉法人視覚障害者支援総合センター）
『点字の履歴書　点字に関する12章』	（社会福祉法人視覚障害者支援総合センター）

点字のレッスン

2006年　11月1日　初　　版　第1刷発行
2010年　10月1日　改　訂　版　第1刷発行
2020年　7月20日　改訂新版　第1刷発行

著　　　　　者　　阿佐　博
発　　行　　者　　社会福祉法人 視覚障害者支援総合センター
　　　　　　　　　〒167-0034　東京都杉並区桃井4－4－3
　　　　　　　　　　　　　　　スカイコート西荻窪2
　　　　　　　　　TEL（03）5310-5051　FAX（03）5310-5053
　　　　　　　　　振替口座　00110-4-576094
　　　　　　　　　URL　http://www.siencenter.or.jp
表紙・本文イラスト　山本　千恵
発　　売　　元　　株式会社 博文館新社
　　　　　　　　　〒116-0002　東京都荒川区荒川5丁目9番7号
　　　　　　　　　TEL（03）6458-3838（代表）　FAX（03）5604-3391
印　　刷　　所　　タナカ印刷株式会社
　　　　　　　　　〒135-0023　東京都江東区平野2丁目2番39号
　　　　　　　　　TEL（03）6240-3830　FAX（03）6240-3499

ISBN978-4-86115-962-6